BASTEI
LÜBBE

Barbara Samson

Wenn die erste Liebe tötet

Unter Mitarbeit von
Marie-Thérèse Cuny

Aus dem Französischen von
Sylvia Strasser

BASTEI
LÜBBE

BASTEI-LÜBBE-TASCHENBUCH
Band 61 357

1. Auflage März 1996
2. Auflage April 1996

Deutsche Erstveröffentlichung

Titel der Originalausgabe;
ON N'EST PAS SÉRIEUX QUAND ON A DIXSEPT ANS

Printed in Great Britain
Einbandgestaltung: Manfred Peters
Titelfoto: Ted Gueller, Zürich
Satz: hanseatenSatz-bremen, Bremen
Druck und Bindung: Cox & Wyman Ltd.
ISBN 3-404-61357-0

Der Preis dieses Bandes versteht sich einschließlich
der gesetzlichen Mehrwertsteuer.

Für meinen Vater, meine Mutter, meinen Bruder,
meine Schwester.
Für meine Großmutter.
Für Eric.

Vielleicht streben wir unser ganzes Leben lang nach
nichts anderem als dem
größtmöglichen Kummer, damit wir uns selbst finden,
ehe wir sterben.

Louis-Ferdinand Céline

Man ist nicht vernünftig, wenn man siebzehn ist

Das Knirschen von Autoreifen auf dem Privatparkplatz des Sanatoriums Les Pervenches. Die Mittagssonne über dem Park, Vögel zwitschern.

Ich schaue nach oben. Ein helles Gebäude, ein Balkon, dann ein Blick. Ich habe sie nie vorher gesehen, diese Augen, und dennoch weiß ich sofort Bescheid. Er hat mich erwartet, er beobachtet mich abschätzend, taxiert mich, und scheint mir dann zu sagen: »Du bist genau die richtige für mich.«

Der Mann hat schwarzes, schulterlanges, lockiges Haar. Er liegt auf einem Liegestuhl, hört Musik, die ich nicht hören kann, hält ein Buch in der Hand, das ich nicht kenne. Er beobachtet mich. Ich spüre seinen Blick auf meinem langen braunen Haar, als ich die Reisetasche aus dem Kofferraum nehme.

Ich drehe mich um, verabschiede mich von meinem Vater, und noch immer suchen diese Augen die meinen.

Ich gehe in der Aprilsonne auf die Steintreppe zu. Hinter mir der Blick meines Vaters, vor dem ich fliehe, vor mir die Augen des Unbekannten, die mich anziehen.

Man ist nicht vernünftig, wenn man siebzehn ist. Wenn man sich verliebt, denkt man nicht nach; es trifft einen aus heiterem Himmel und mit aller Macht, wie etwas ganz Selbstverständliches, etwas, das einem zusteht. Man nennt es weder Liebe noch sonst irgendwie, dieses Bündel von Empfindungen, diese Hitze im Gesicht, dieses Flattern in der Brust, diese Leere im Bauch. Mein Körper hält den Atem an, bewegt sich langsam weiter, posiert ausschließlich für diesen Blick, bestrebt, sich von seiner schönsten Seite zu zeigen und gleichzeitig nichts von seinem Geheimnis preiszugeben.

Ist ein Geheimnis nicht etwas Wunderbares? Wie vergänglich, wie überaus zart dieser stumme Austausch zwischen zwei Menschen doch ist. Der eine kommt, der andere hat ihn erwartet.

Von Kindheit an habe ich mir mein Leben zurechtgeträumt.

Ich wünschte, ich könnte mich lieben. Ich wäre gern schön, gelassen, unnahbar, ein Mädchen, das geachtet, höflich behandelt, über alles geliebt wird. Geliebt zu werden, das ist mein größter Wunsch. Ich warte auf meinen Märchenprinzen.

Endlich volljährig sein, die Kindheit zurücklassen, nicht mehr mit der Familie am Mittagstisch sitzen müssen, geliebt werden von einem . . .

Ich finde kein Wort für diese Person in meinen Träumen, ich denke nicht an einen »Typen« oder einen »Jungen« oder einen »Mann«. Er wird einen Namen haben, und ich werde ihn mögen.

Wenn ich von meiner großen Liebe träume, sehe ich alles ganz genau und in Farbe vor mir. Ich kann jede Einzelheit fühlen, erkennen, ich spüre sie mit jeder Nervenfaser. Das Bild ist klar und deutlich. Zwei Pferde stehen oben an einem Steilufer. Wir betrachten von ihrem Rücken aus den Sonnenuntergang über dem Meer; rot und orange versinkt die Scheibe am Horizont. Tief unter uns kratzen sich kleine Wellen am Strand auf, ihre Wunden sehen wie weiße Spitzen aus. Es weht ein leichter Wind. Keine Musik, kein Laut ist zu hören. Ein besinnliches Bild.

Er hat grüne Augen, sein Gesicht ist leicht gebräunt, die braunen Haare reichen bis zu den Schultern. Er trägt verwaschene Jeans, einen Gürtel, Reitstiefel, ein langärmeliges weißes, bis zum Brustbein offenes Hemd. Um den Hals trägt er eine Kette mit seinem Namen und einen seitlich geknoteten blauen Schal, mit dem der Wind spielt.

Ich habe ein langes weißes Baumwollkleid an, das vorne geknöpft wird. Es ist ganz schlicht, mit Spaghettiträgern, einem kleinen Ausschnitt, schmaler Taille und weitem Rock. Dazu weiße Tennisschuhe. Das Haar fällt mir offen über den Rücken; braun und glänzend hebt es sich vom jungfräulichen Weiß des Kleides ab. Ich trage keinerlei Schmuck.

Vor uns der Sonnenuntergang, der steil abfallende Hang, ein paar lautlos dahinsegelnde Möwen. Kein Schiff. Es riecht nach Meer, nach Salzwasser und Algen. Es ist ein lauer Tag. Wir halten uns an den Händen, wir sagen nichts, tun nichts. Was zählt, ist nur die Landschaft.

Hinter uns grüne Wiesen mit weidenden Pferden, dahinter Wald. Wir sind die einzigen Menschen.

Er ist sanft und großzügig. Er liebt seine Arbeit. Wir sind beide Pferdenarren und lieben die Stille in der Natur.

Die Phantasie einer Zwölfjährigen, ein zu einem Foto erstarrter Tagtraum.

Bewegung kommt nur dann in dieses Bild, wenn wir Seite an Seite, mit wehenden Haaren, galoppieren. Die Bewegung geht von den Pferden aus, nicht von uns. Nicht wir bestimmen die Richtung, sondern sie. Anmut und Eleganz, wie sie nur in absoluter Freiheit möglich sind, kennzeichnen ihren Lauf.

Was für eine verrückte Vorstellung! Unmöglich, so etwas existiert nicht.

Wenn ich das meinen Freundinnen erzählen würde. Oder meiner Psychiaterin . . .

Wenn sie wüßte, was ich wirklich von mir halte. Daß ich draußen auf der Straße mit hocherhobenem Kopf herumlaufe, damit ich größer, vornehmer wirke: Die anderen sollen sehen, daß ich nicht irgendwer bin, nicht zu denen gehöre, die auf ein Fingerschnippen oder einen Pfiff reagieren.

Wenn sie wüßte, daß für mich das Schönste auf der Welt ein Pferd ist und daß ich mir kein größeres Vergnügen vorstellen kann, als die Kraft eines galoppierenden Pferdes zwischen meinen Beinen zu spüren.

Auf dem Rücken eines Pferdes muß man eine besondere Haltung einnehmen, man muß auf seine Bewegungen, seine Körperhaltung achten. Je majestätischer, desto besser. Ich fühle mich phantastisch hoch zu Roß. Unnahbar, so wie ich es mag.

Wenn sie wüßte, daß ich Angst vor jeder Berührung habe, Angst vor der Nähe eines anderen, Angst davor, meine Kleider abzulegen. Wenn sie wüßte, daß ich noch Jungfrau bin. Mager aus Rebellion, stolz aus Verlangen, besitzergreifend aus Bedürfnis. Verträumt aus Notwendigkeit.

Wenn sie wüßte, daß das einzige, was ich an mir liebe, die Vorstellung ist, geliebt zu werden.

Aber ich habe ihr nichts mehr zu sagen. Außer vielleicht, daß ich meinen Teller auf den Boden werfe, weil meine Mutter ihn auf den Tisch gestellt hat. Daß ich schreie, um mir eine Ohrfeige einzuhandeln, die nie kommt. Daß ich . . . Ach, nichts.

Die wahre Geschichte gehört mir. Nicht ihnen. Die Erklärung werde ich in mir finden, nicht mit Hilfe einer Therapeutin.

Ich sitze im Flur einer Provinzpraxis und warte auf die Psychiaterin, die zweimal die Woche aus Paris kommt, um die Schäden an Verhaltensgestörten meines Schlages zu begutachten. Beinah Nase an Nase, Knie an Knie sitzen wir da und wissen nicht, wo hinschauen. Sie ist nie pünktlich. Man hat den Eindruck, sie schenkt uns gnädigerweise einige Minuten ihrer kostbaren Zeit, die sie lieber woanders verbringen würde.

Sie ist mittelgroß, schlank, hat blondes, kurzes Haar und hellblaue Augen hinter kleinen Brillengläsern. Sie trägt meistens Kostüme, bevorzugt in grellen Farben, schreiendes Rosa oder ätzendes Grün. Farben, die man schon von weitem sehen kann. Ich finde das unmöglich. Mir sind unauffällige, gedeckte Farben lieber. Außer an meinen roten Tagen.

Ich hatte das Gefühl, ich war ihr so egal wie sonstwas, als ich ihr von mir erzählte. Außerdem hatte ich mir eine Therapie ganz anders vorgestellt. In dem Zimmer standen eine Couch und ein paar Sessel. Ich konnte mir aussuchen, wo ich Platz nehmen wollte. Ich habe mich natürlich für einen Sessel entschieden. Ich wäre mir wie im Comic vorgekommen, wenn ich mich auf die Couch gelegt hätte.

Ich hatte mich mit der Behandlung einverstanden erklärt, damit die anderen Ruhe gaben. Und weil ich hoffte, selber Ruhe zu finden. Aber ich war skeptisch. Halbstündige Sitzungen. Ich bin ungefähr sechs Monate hingegangen, anfangs jede Woche, dann nur noch alle vierzehn Tage.

Eines Tages mußte ich einen Intelligenztest machen. Ich hielt mich nicht für besonders gescheit, sondern dachte, das wird die nächste unangenehme Überraschung geben, bestimmt stuft sie dich als geistig zurückgeblieben ein. Ich hatte einen regelrechten Horror vor diesem Test. Als sie ihn ausgewertet hatte, sagte sie zu mir:

»Das Ergebnis ist erstaunlich, Sie haben einen Intelligenzquotienten von 134 und liegen damit über dem Durchschnitt . . .«

»So?« sagte ich nur.

»Sie gehören zu den sogenannten — ich persönlich mag diese Bezeichnung nicht — überdurchschnittlich Begabten. Sie könnten mühelos einen Doktor machen.«

Das klang zwar sehr schmeichelhaft, aber ich glaubte ihr kein Wort. Ich und überdurchschnittlich begabt? Ausgeschlossen. Ich war eine miserable Schülerin und hatte fast in jedem Fach schlechte Noten. Außerdem war ich stinkfaul. Nur in Französisch und Geschichte arbeitete ich mit, meinen Lieblingsfächern. Der Rest konnte mir gestohlen bleiben.

Das Verhältnis zu meinen Eltern verschlechterte sich immer mehr. Wir hatten schon April, das Schuljahr war bald zu Ende, und für mich war es gelaufen, so oder so. Die fünfte Klasse hatte ich nämlich schon einmal gemacht. Ich schwänzte fast jede Stunde. Am liebsten wäre ich vom Gymnasium abgegangen, ich strengte mich überhaupt nicht mehr an.

»Sie müssen fort von zu Hause, mein Kind. Abstand gewinnen.«

Zu Hause tat ich keinen Handstreich, ich half weder beim Putzen noch in der Küche. Bei fremden Leuten hätte ich mir wahrscheinlich notgedrungen mehr Mühe gegeben, aber dieses widerwillige Bemühen hätte irgendwann zu einem Wutausbruch geführt, und wenn ich schon etwas kaputtschlage, dann lieber meine eigenen Sachen.

Ich habe eine Menge Dinge kaputtgemacht. Meistens in meinem Zimmer. Kleider und eine Nachttischlampe, meinen Radiowecker, Videokassetten, Bücher, irgendwelchen Nippes. Was ich gerade in die Finger bekam. Ich ließ meine Wut an Gegenständen aus. Und an meinem Bruder. Ich schlug ihn, er schlug zurück. Manchmal hatten wir höllischen Zoff, der nicht selten in Handgreiflichkeiten endete. Weil ich stärker war als er, flüchtete er sich in sein Zimmer, schnappte seine Gitarre und schwang sie drohend:

»Komm mir nicht zu nahe, sonst schlage ich dir das Ding über den Schädel!«

Wir prügelten uns. Wir heulten vor Schmerzen. Er riß mir büschelweise Haare aus. Dafür verpaßte ich ihm Ohrfeigen oder schlug ihm mit der Faust auf den Rücken oder die Brust. Wir sind uns vom Wesen her ein wenig ähnlich. Wenn er einen Wutanfall hat, schlägt er auch alles kurz und klein. Aber magersüchtig ist er nicht. Und er liebt unsere Eltern abgöttisch, da wird geschmust, da heißt es: »Mama, ich hab' dich lieb«, »Papa, ich hab' dich lieb«. Und wenn er weinen muß, weint er eben und schämt sich auch nicht deswegen. Ich dagegen, ich weigere mich zu essen, und ich weine höchstens heimlich. Niemals vor anderen, das ist unanständig.

Wohin mit jemandem wie mir? Die Psychiaterin hatte eine Antwort: Fort, ganz gleich, wohin.

»Wenn du nicht in das Sanatorium willst, mußt du woandershin, Barbara. Du hast die Wahl: entweder das Sanatorium oder die Einweisung in eine psychiatrische Klinik.«

Da bin ich ausgeflippt. Ich sagte mir: Reiß dich zusammen, Barbara, zwing dich eben zum Essen!

Mein Vater ist nach Chartres zurückgefahren. Es fiel mir schwer, ihm zum Abschied einen Kuß zu geben. Es fällt mir immer schwer, Zuneigung zu zeigen, nicht nur meinen Eltern gegenüber, sondern allen Menschen. Ich zucke unwillkürlich zurück, es ist wie ein Reflex, ein körperliches Mißtrauen.

Ich liebe meinen Vater, aber ich habe nie den Mut gefunden, es ihm zu sagen oder es ihn spüren zu lassen. Er erträgt alle unsere Wutausbrüche, die meiner Mutter ebenso wie meine. Seine Lebensaufgabe ist es, Frieden zwischen uns, den beiden Weibern, herzustellen.

Wieviele Flirts? Fünf oder sechs, der erste mit zwölf. Er hieß Bruno, und ich gefiel ihm. Wir gingen in die 5. Klasse. Zu einer Freundin sagte er: »Die Barbara ist echt super.« Dann kam eine Neue in unsere Klasse und schnappte ihn mir weg. Eine Blonde. Ich mag keine Blondinen. Ich hatte schrecklichen Liebeskummer. Aber da war ich noch Klassenbeste und die andere nur zweitbeste. Gut in der Schule, aber unglücklich.

Der letzte, in den ich mich verliebte, hieß David. Das war im vergangenen Jahr, ich war sechzehn und hatte zwei Tage vorher einen Selbstmordversuch unternommen. Einen von vielen. Immer das gleiche: der Griff zu den Tabletten im Arzneimittelschränkchen meiner Mutter, Magenspülung, und alles beginnt von vorn.

Fast alle meine Freundinnen haben schon sexuelle Beziehungen gehabt. Ich nicht. Ich bin nicht wie die anderen. Ich denke oft daran, ich weiß, es wird nicht leicht sein, und ich bin noch nicht soweit. Ich habe Angst. Besonders vor der Nacktheit, vor der Nähe eines anderen Körpers. Gleichzeitig spüre ich die Ungeduld in mir. Aber ich muß den richtigen Jungen finden.

Die Jungs sprechen abwertend über die Mädchen, sie reden dauernd vom »Ficken«. Eigentlich weiß ich nicht viel über sie. Und ich würde sowieso nie den ersten Schritt machen. Nie im Leben.

Ich komme mir wie ein Vogel vor, einer jener Zugvögel, die den Atlantik oder den Pazifik überqueren: Sie haben alle Stürme, alle Unwetter der Welt überstanden, ihr zerzaustes Gefieder ist noch ganz naß, sie fühlen sich elend, sind seekrank und trauen sich nicht, sich auf einem Ast niederzulassen, aus Angst, wieder herunterzufallen.

Geistige Verwirrung. Wo nahm meine Geschichte ihren Anfang?

Ich habe den Teller weggeschoben, mit der Faust auf den Tisch geschlagen, ein Messer in die Hand genommen und gedroht, mich umzubringen, mir die Pulsadern aufzuschneiden. Vielleicht auch, jeden zu töten, der mir zu nahe kommt. Wegen eines Puddings. Ich habe geschrien, um mich geschlagen, getobt, und ich habe es genossen, es war wie eine Befreiung. Ich war berauscht von der Rebellion, die ich seit ungefähr meinem zwölften Lebensjahr praktiziere – wie man ein tödliches Gift ganz bewußt einnimmt.

Das letzte Mal, das war ... vor sechs Monaten. Eine Ewigkeit, überschattet vom Krankenhaus, von der Psychiaterin. Wutausbrüche und heimliche Tränen. Nie in Gegenwart anderer weinen, das ist unanständig.

Bis auf diese Sache mit dem Pudding und dem Messer kriege ich nichts richtig zusammen. Ein großes Durcheinander in meinem Kopf. Ich weiß nicht mehr, auf wen ich wütend bin, auf mich selbst oder auf die anderen.

Man hat mich abgeschoben. So ungefähr nach dem Motto: Versuch's mit einem anderen Teller. Und so bin ich in diesem Sanatorium gelandet. Man hat mich eingesperrt, um mich zum Essen zu zwingen, um meine Gewalttätigkeit mit vollen Tellern zu bekämpfen. Ich hasse es, zu essen. Ich hasse mich, weil ich ein Problem damit habe.

Hier wimmelt es von Alten und Dicken. Sie haben mich angestarrt, als käme ich von einem anderen Stern.

Vorstellung, Aufnahme, kurzer Besuch beim Arzt, der kein Wort sagt, Zuweisung eines Zimmers im fünften Stock. Ich verspüre den Drang zu weinen. Pathologische Traurigkeit, emotionale Wüste, würde die Psychiaterin, die mich hierhergeschickt hat, es nennen. Ich räume meine Sachen ein. Bücher, Platten, ein Stofftier wegen der Geborgenheit.

Die Bäume sind weit weg. Ich habe keine Lust spazierenzugehen.

Um 18 Uhr das erste Abendessen. Polenta. Habe ich noch nie gegessen. Gehört zu den Dingen, die leicht zu schlucken sind. Wie üblich schiebe ich mir widerwillig kleine Bissen in den Mund und kaue ewig darauf herum. So tun als ob und so schnell wie möglich wieder aufstehen.

Er sitzt hinter mir. Ich fühle, daß er da ist. Sein Gesicht

kann ich nicht sehen, aber wenn ich aus den Augenwinkeln nach hinten schiele, sehe ich die verwaschenen Jeans, seinen Rücken an der Stuhllehne, die ausgestreckten Beine. Entspannt, ganz cool sitzt er da. Die Leute ringsumher finden ihn anscheinend nett und höflich.

Lautlos schiebe ich den Teller zurück, stehe auf und verlasse mit hocherhobenem Kopf den Saal. Mit dem Fahrstuhl in den fünften Stock. Unterwegs begegnet mir niemand. Um so besser.

Zimmer mit Blick auf den Park, Einzelbett, Bad. Ich habe um einen Fernseher gebeten; morgen bekomme ich einen.

Weinen. Traurig sein. Sich von der Angst einlullen lassen. Ich weiß nicht, was mich hier erwartet. Ich muß mit der Illustrierten in der Hand eingeschlafen sein. Auf dem Titelbild Claudia Schiffer. Wie schön sie ist . . . Ich habe mich nie hübsch gefunden, aber ich ziehe immer alle Blicke auf mich.

Er sieht noch ziemlich jung aus, so um die Dreißig. Was er wohl gelesen hat?

Jemand, der ein Buch liest, kann kein gewöhnlicher Mensch sein.

Ich bin siebzehn, was habe ich eigentlich hier zu suchen? Was habe ich überhaupt irgendwo zu suchen?

Ich fühle kaum noch etwas. Meine Wut schläft. Ich übe mich in Geduld. Und lasse die Dinge auf mich zukommen.

Unter den grünen Linden im Park

»Ich habe ihn gestern, als ich ankam, auf dem Balkon gesehen, mit einem Buch in der Hand. Da hat er mich auch so angeschaut wie jetzt. Kennst du ihn?«

»Nur vom Sehen. Ein Aufreißer, wenn du mich fragst.«

Mein Schwarm ein Aufreißer?

Sophie, weder besonders hübsch noch besonders klug, aber sehr blond, verzieht das Gesicht: »Ich weiß nicht mal, wie er heißt . . .«

»Hallo.«

»Hallo.«

Tanz der Katzen.

Jedesmal, wenn wir uns begegnen, ein nichtssagendes Hallo und durchdringende Blicke. Er ist nicht der Märchenprinz meiner Träume, aber er sieht auf seine Art gut aus. Braune Augen, ein sanfter und doch fester Blick, der den anderen nicht losläßt. Ziemlich heller Teint, aber südfranzösischer Akzent.

Er spricht mit jedem, er grüßt jeden, aber nur mich sieht er an.

Ich habe mich bisher nicht aus dem Haus getraut. Ich mag nicht allein spazierengehen. Was soll ich allein im Park, allein in einem Café?

Ich habe niemanden zum Reden, abgesehen von Sophie mit ihrer Bulimie. Und einem Tischnachbarn mit Diabetes und Schlips. In meinem Kopf herrscht Leere.

Ich habe angefangen, Briefe zu schreiben, an meine Eltern, vor allem aber an meine beste Freundin.

Ich beschreibe ihr die Klinik, das unpersönliche Zimmer. Ich habe noch niemanden kennengelernt, schreibe ich, und daß es sehr viele Alte und nur ganz wenig Junge hier gibt. Daß ich mich zu Tode langweile, weil ich nichts anderes machen kann als fernsehen oder lesen. Ich hoffe, füge ich hinzu, es ergibt sich eine Gelegenheit für einen Abstecher nach Aix-en-Provence. Ich frage, was es Neues in Chartres gibt, was so läuft in der Stadt und an der Schule, was die anderen in der Klasse treiben.

Es ist ätzend, stinklangweilig, zum Kotzen . . . So rede ich, wenn ich ihr schreibe, das ist unsere Sprache. Nicht sehr elegant.

Früher habe ich Gedichte geschrieben, jetzt versuche ich mich weiterzuentwickeln, indem ich die anderer lese: Rimbaud, Shakespeare, Musset.

Ich nehme meistens den Fahrstuhl, um in mein Zimmer im fünften Stock zu gelangen. Ich bin ein Faultier, Treppensteigen liegt mir nicht. Sport auch nicht. Abgesehen vom Reiten, meiner großen Leidenschaft. Aber in meiner augenblicklichen Verfassung wäre ich gar nicht in der Lage, mich im Sattel zu halten. In meinem Kopf dreht sich alles, und ich bin ziemlich unsicher auf den Beinen. Das kommt vom dauernden Verweigern.

Zu Hause frage ich: »Was gibt's zu essen?«

Und meine Mutter antwortet zum Beispiel: »Lammkoteletts.«

»Schon wieder! Immer das gleiche! Das hängt mir langsam zum Hals raus!«

»Ich versuche wirklich, Dinge zu kochen, die du magst. Ich weiß ja, daß du nicht alles ißt.«

»Und das heißt Lamm, Schwein, Roastbeef, Hackfleisch oder Putenschnitzel. Immer Fleisch! Was ist mit Gemüse? Ich hab's echt satt, immer das gleiche zu essen!«

»Entweder du ißt, was auf den Tisch kommt, oder du läßt es bleiben.«

Schon ist die schönste Diskussion im Gange. Ich schiebe meinen Teller von mir weg. Sie kann mir vorsetzen, was sie will, ich weigere mich, es zu essen. Weil ich es nicht mag, weil ich es nicht gut finde, Lamm zu essen, so ein süßes kleines Tier. Rindfleisch, okay, das geht, Hackfleisch oder Roastbeef auch, aber Steak oder Hacksteak kriege ich nicht runter. Merkwürdig. Ich weiß auch nicht, warum das so ist. Es ist idiotisch, so ein Theater wegen eines Steaks oder eines Schweinekoteletts zu machen. Aber ich sehe nicht ein, warum ich etwas essen soll, was ich nicht mag. Wenn es gar nicht anders geht, stopfe ich Kuchen oder etwas in der Art in mich hinein. Aber von Fleisch, von einer normalen warmen Mahlzeit will ich nichts wissen. Eine Mahlzeit bedeutet, mit der Familie am Tisch zu sitzen. Und das will ich nicht. Ich tue alles, um diesen gemeinsamen Mahlzeiten zu entgehen. Also weigere ich mich zu essen, was meine Mutter auf den Tisch bringt. Lieber schlinge ich später eine Pizza hinunter oder kaufe mir ein Sandwich. Ich gehe auch nicht in die Schulkantine. Wenn ich es irgendwie einrichten kann, gehe ich über Mittag nicht nach Hause, sondern esse irgendwo einen Happen mit einer Freundin.

Hier wird um 12 Uhr zu Mittag und um 18.30 Uhr zu Abend gegessen. Der absolute Horror.

Im Fahrstuhl werde ich von ein paar Leuten angesprochen und gefragt, warum ich hier bin. Ich erkläre es ihnen. Es macht mir nichts aus, darüber zu sprechen. Weshalb sie hier sind, brauche ich nicht zu fragen, das ist offensichtlich: um abzunehmen. Da ich nicht dick bin, sind sie natürlich neugierig und wollen mehr über mich wissen.

Er nicht. Er ist anscheinend nicht neugierig auf mich.

Wir haben uns einander nicht vorgestellt. Bis zu diesem

Mittagessen zwei Tage nach meiner Ankunft wußte ich nicht, wer er war.

Gänsehaut im Nacken. Er beugt sich zu mir herunter.

»Liest du gern?«

»Und wie. Ich bin eine richtige Leseratte.«

»Hast du nach dem Essen Zeit? Ich warte draußen auf dem Flur auf dich. Ich habe ein paar Texte geschrieben, und ich würde gern deine Meinung dazu hören.«

»Ja, okay.«

Eigenartig. Er sieht nicht aus wie jemand, der schreibt. Ich habe immer geglaubt, Leute, die schreiben, besitzen eine besondere Sensibilität, die ihnen vom Gesicht abzulesen ist. Und daß es überwiegend Frauen sind. Erstaunlich, daß es heutzutage noch Jungs gibt, die schreiben. Und warum bittet er ausgerechnet mich, eine Fremde, seine Texte zu lesen? Ist das ein Annäherungsversuch, oder liegt es einfach daran, daß ich mich von den anderen hier unterscheide?

Er sieht mich an, und mir wird heiß. Aber Sensibilität kann ich in seinem Blick nicht erkennen. Warum ist er hier?

Die dicke Sophie weiß auch nichts Genaues. »Ich glaube, er kommt aus dem Krankenhaus. Rekonvaleszent.«

»Er hat gesagt, er schreibt Texte. Merkwürdig, findest du nicht?«

Sie zuckt mit den Schultern. »Dieser Brokkoli schmeckt ekelhaft. Ißt du dein Obst nicht?«

Unsere Wertvorstellungen sind offensichtlich nicht die gleichen.

Er wartet draußen auf mich. Er lächelt. Ich sehe ihn zum erstenmal aus der Nähe. Schlank. Muskulöser Oberkörper, breite Schultern unter dem Sweatshirt.

»Komm, gehen wir auf mein Zimmer.«

Er findet mich schön. Sein Blick spricht Bände. Wir steigen die Treppe in den ersten Stock hinauf. Vom Balkon seines Zimmers aus hat er mich im Sonnenschein entdeckt.

Wir reden über dies und jenes, belanglose Dinge. Ich höre mich antworten:

»Magersucht. Angeblich, weil ich Probleme mit meiner Mutter habe. Aber ich fühle mich nicht krank, mir geht's soweit ganz gut.«

Das ist in diesem Moment nicht einmal gelogen. In seiner Gegenwart fühle ich mich wohl. Zugleich bin ich unruhig, erwartungsvoll.

»Und du?«

»Cool, alles okay.«

Zehnmal »cool« in einem Satz . . . Er gebraucht das Wort in jedem nur denkbaren Zusammenhang: Er ist cool, das Wetter ist cool, echt cool, Mann, bleib ganz cool!

Er drückt mir einen Spiralblock in die Hand. Ich blättere ihn schnell durch. Kleine Texte. Ich will sie in Ruhe lesen, wenn ich allein bin. Auf den ersten Blick scheinen sie nicht uninteressant. Was für ein ungewöhnlicher Typ. Das sind keine Nullachtfünfzehn-Texte. Überall liegen Bücher herum. Und jede Menge Kassetten. Er spielt erst eine von den Doors, dann Fleetwood Mac.

»Gefällt's dir?«

»Ja, nicht schlecht, aber das ist eigentlich nicht die Art Musik, die ich mir normalerweise anhöre. Magst du Gainsbourg?«

Wir plaudern. Ich schaue mich um. Das Bett, das von der Putzfrau gemacht wird, ist das einzig Ordentliche in diesem Zimmer. Ansonsten sieht es aus wie auf einem Schlachtfeld. Überall sind Bücher, Kassetten, Kleider verstreut. Aufräumen ist offenbar nicht sein Ding. An der Wand hängen ein paar Autogrammkarten von Sängern. Ich finde ihn ganz nett. Er hat was von einem Hippie, ein bißchen Softie, ein bißchen Alternativer.

Achtundzwanzig sei er, sagt er, und Jim Morrison sei sein Idol, sowohl was seine Musik als auch was seine Texte betrifft. Ich komme mir blöd vor, weil ich nicht weiß, wer das ist. Das war lange vor meiner Zeit. Er ist achtundzwanzig, ich bin siebzehn. Für mich ist er ein Erwachsener, so etwas wie ein Spät-Achtundsechziger, aber er kann spannend über die Musik, die Songtexte erzählen, und seine Begeisterung scheint echt.

Er ist ein starker Raucher. Ich habe bisher nur ein paar Zigaretten in meinem Leben geraucht.

»Ich muß jetzt gehen.«

»Wie heißt du eigentlich?«

»Barbara.«

»Barbara . . . Das ist ein wunderschöner Name.«

»Und du?«

»Antony.«

Ich hätte mich gefreut, wenn er es mir von sich aus gesagt hätte, aber ich mußte ihn fragen.

Das Heft an mich gedrückt, laufe ich in mein Zimmer. Das Herz schlägt mir bis zum Hals. Ich bin selig. Ich habe einen duften Typen kennengelernt. Er hat mich — mich! — gebeten, etwas so Persönliches wie die Texte, die er selbst verfaßt hat, zu lesen. Das würde er doch nicht tun, wenn er mich nur dumm anmachen wollte, oder? Mir gefällt seine Art, mit mir Bekanntschaft zu schließen.

Ich setze mich an den kleinen Schreibtisch. Feierlich schlage ich das Heft auf, gieße mir ein Glas Wasser ein. Zum Lesen nehme ich stets eine besondere Haltung ein, ich mag mich beispielsweise nicht bäuchlings aufs Bett legen. Ein geschriebener Text ist etwas, das Achtung, Bewunderung verdient und entsprechend behandelt werden muß.

Ich verschlinge die ersten Seiten. Mir bleibt nur eine halbe Stunde, weil ich Sophie versprochen habe, mit ihr auszugehen.

Zuerst verstehe ich vieles nicht. Er spricht von Tod und

von Liebe, konstruierte Gedanken, die schwer nachzuvollziehen sind.

Eisiger Augenblick am Teich
Der Flug eines Messers
Der Tod der Schlange
Ich kenne das Meer der Lügen
Wenn die Hunde bellen
Ich bin der Vogel des Todes
Der verderbenbringende Vogel der Nacht.

Der Tod, immer wieder der Tod. Das Bild, das er von ihm zeichnet, ist sehr persönlich und überaus kraftvoll. Seltsam, daß er sich in seinem Alter so sehr mit dem Tod beschäftigt. Seine Art zu sprechen ähnelt überhaupt nicht dem Ton dieser Texte. Er hat einen weichen Marseiller Dialekt, und er drückt sich zwar korrekt aus, aber nicht literarisch. Andererseits suche auch ich beim Schreiben lange nach dem richtigen Wort, jenem, das sich am besten anhört. Er macht es wahrscheinlich genauso. Literatur ist kein Produkt der gesprochenen Sprache.

Der Friedhof, der Grabstein, der düstere Stein, Sand und Mond vereinigen sich fern in der Nacht, Köder Mensch, dein Fleisch hängt vom Flügel des Raben herab, Vogel des Menschen, Seele des Dichters.

Mich fröstelt. Ich bin beeindruckt. Fasziniert. Beim Schaufensterbummel durch das kleine Nest denke ich an nichts anderes als an das Heft in der Tischschublade in meinem Zimmer. Ich wünschte, ich hätte es mitgenommen, dann könnte ich weiterlesen, während Sophie vor den Auslagen herumtrödelt oder ein Croissant verschlingt. Ich kann es kaum erwarten, mich wieder in meinem Zimmer einzuschließen und die übrigen Texte zu entdecken. Die Neugier hat mich gepackt. Ich bin ganz aufgeregt. Fragen über Fragen schwirren mir durch den Kopf.

Er hat eine fürchterliche Klaue und macht erstaunliche Rechtschreibfehler. Auf Zeichensetzung verzichtet er weitgehend. Wie kann er so kraftvolle Gedanken in einer so unregelmäßigen, gequälten Schrift zu Papier bringen? Das paßt einfach nicht zusammen.

Und dennoch haben seine Fehler etwas Rührendes.

Wir versuchen den Tod dort zu erraichen, *wo die Kerze* heruntergebrant *ist. Wir suchen etwas,* daß *uns längst gefunden hat.*

Oder:

Jetzt habe ich ein Mädchen gans *für mich allein, ein Mädchen, das im zärtlichen* Augenblik *auf mich wartet, ein Mädchen, das die Welt für mich ist, das nur mir* gehörd.

Ich habe alles gelesen. Und mir Gedanken gemacht über sein Mädchen.

Beim Abendessen kann ich ihn nirgends entdecken. Ich setze mich an den Tisch, esse aber wie üblich nichts.

Schließlich kommt er doch noch. Zu ihm hingehen und ihm vor den andern sagen, daß ich seine Texte gelesen habe, bringe ich nicht fertig. Das geht nur ihn und mich etwas an.

Sophie und ich gehen hinauf zu mir, um fernzusehen. Doch dann kommt uns eine andere Idee. *Mir* kommt eine andere Idee.

»Wir könnten doch Antony fragen, ob er Lust hat, den Abend mit uns im Musiksaal zu verbringen. Das wäre unterhaltsamer, als in die Glotze zu starren.«

Er hat Besuch von einem Freund. Wir setzen uns an einen Tisch und reden. Antony beugt sich zu mir.

»Wie alt bist du eigentlich, Barbara?«

»Was schätzt du?«

»Zweiundzwanzig?«

»Ich bin siebzehn . . .«

Ein Zucken in seinem Gesicht. Er weicht zurück. Er hält mich für zu jung, er will Abstand halten. Ich spüre es. Mir ist unbehaglich zumute. Ich komme mir dumm vor, wie ein unerfahrenes kleines Mädchen. Zu jung für einen Typen wie ihn.

Um meine Verlegenheit zu überspielen, sage ich: »Ich habe alles gelesen, und ich finde es sehr, sehr gut.«

»Das ganze Heft? So schnell? Und? Hast du alles verstanden?«

»Ja, ich glaube schon. Ich mag zwar erst siebzehn sein, aber das heißt nicht, daß ich Analphabetin bin oder zu blöd für diese Art Literatur.«

Er scheint beeindruckt.

»Willst du dein Heft zurückhaben?«

»Nein, nein, das hat Zeit. Bei Gelegenheit würde ich mich gern mit dir über das eine oder andere Gedicht unterhalten. Deine Meinung würde mich interessieren.«

Auch recht. Mit ein paar Texten, die mir zu derb, zu gewalttätig sind, bin ich nämlich nicht klargekommen. So kann ich sie wenigstens noch einmal lesen.

Wir tanzen. Ich taue auf, verliere meine Hemmungen. Ich rauche, weil alle rauchen. Gestern noch wollte ich nichts davon wissen, und jetzt qualme ich eine ganze Schachtel. Ich tanze mit den anderen, von Verlegenheit keine Spur mehr. Anscheinend habe ich mich geirrt: Es macht ihm nichts aus, daß ich erst siebzehn bin, schließlich habe ich ja auch seine Gedichte verstanden. Wir werden uns darüber unterhalten, und ich werde ihm mit der Rechtschreibung helfen. Woher kommt er, was macht er, daß er so nachlässig damit umgeht?

»Ich habe erst Sprach- und Literaturwissenschaft studiert. Das war cool, aber weitergemacht habe ich dennoch nicht. Und dann kamen alle möglichen Jobs, nur der Kohle wegen.«

Er gibt sich auf beunruhigende Weise betont lässig, demonstriert Ungebundenheit und Freiheit, Dinge, die er sich nicht einmal erkämpfen mußte, wie ich das seit meiner Kindheit versuche. Ich pfeife auf die ganze Welt — alles an ihm drückt diese Einstellung aus, seine Körperhaltung, seine Gestik, das angedeutete Lächeln, der Widerschein der Gedichte, die ich seit dem Vormittag mit mir herumschleppe.

Barbara, du wirst dich doch nicht in diesen ... diesen Typen verlieben, den du gerade zwei Tage kennst? Bloß weil er dich von einem Balkon aus beobachtet hat? Bloß weil er sich wie eine Schlange vor dir windet, in der Gewißheit, dich zu betören.

Wir tanzen. Die Körper sind sich fern, die Augen ganz nah. Er hat keine Ähnlichkeit mit dem Mann meiner Träume, er ist anders als alle, die ich daheim in Chartres gekannt habe. Der Duft von Abenteuer und Freiheit umgibt ihn, der Duft eines harten Lebens, das er freiwillig führt, der Duft von Kummer und Leid, der Duft meines Alters, aber nicht seine Farbe. Er stammt nicht aus dem kleinbürgerlichen Milieu, aus geordneten Verhältnissen wie ich. Er spricht weder über sich noch über seine Familie oder die Gründe für seinen Aufenthalt hier. Er wirkt so ... so ernüchtert, so illusionslos; er treibt dahin auf dem Strom des Lebens, überläßt sich dem Augenblick: Ich bin da, es geht uns gut, ich finde dich hübsch, ich tanze vor dir, mit dir, ich rede schlecht, ich rede cool, aber ich rede vom Vogel des Todes und einem grün schimmernden Teich.

Wer ist dieser Typ? Ich bin die vielen Fragen leid.

»Es ist schon spät, ich glaube, ich geh' ins Bett. Weißt du was, ich hol' dir dein Heft, wir reden morgen drüber, ich bin heute zu kaputt. Ich habe eine Kassette von Gainsbourg, willst du sie haben?«

»Klar, warum nicht?«

Ich steige in den fünften Stock hinauf und wieder hinunter in den ersten, wo er sein Zimmer hat. Mit »Zimmer« verbinde ich nicht Zweisamkeit, ungestört mit ihm allein sein, ich denke nur an das Heft und an die Kassette. Ich strecke ihm die beiden Schätze hin.

»Komm rein, wir hören sie uns zusammen an.«

Wir hören Musik und unterhalten uns schließlich doch noch über seine Texte, über Sprache, über die Freude an Wörtern.

»Ich bin ziemlich stolz auf die da«, sagt er und deutet mit dem Kinn auf das Heft. »Ich hab' noch ein paar andere im Kopf.«

2 Uhr morgens. Gainsbourg singt unverdrossen weiter. Wir haben geredet, geredet und viel gelacht.

Damals hat alles angefangen. In jener Nacht. Der Nacht vom 6. auf den 7. Mai 1992. Der ersten Nacht meines Lebens.

3 Uhr morgens.

Ich packe meine Sachen zusammen, greife nach meiner Tasche; ich bin müde, ich will schlafen und von diesem Abend träumen. Ich brauche Abstand, ich muß fort von der schönen Schlange mit den schimmernden Locken, ich will allein sein und über diesen Gegensatz nachdenken. Poetischer Gauner, gaunerhafter Poet. Zärtlich und höflich, ordinär und charmant, fremd und doch so vertraut. Mann.

Ich kenne dich nicht. Ich weiß nur, daß ich bei dir alle meine Probleme vergesse, mein schier unstillbares Verlangen nach Liebe, die ich fordere wie ein Recht, das mir zusteht, eine Ehre, die mir zu erweisen ist. Du läßt mich die feindliche Mutter vergessen und den nachgiebigen Vater, die Schwester, die alles besser kann, und den kleinen Bruder, der abgöttisch geliebt wird. Du läßt mich das Gymnasium vergessen und die wiederholte Klasse, die mutwillig zerbrochenen Teller, die grimmig geschluckten Tabletten, den rebellierenden Magen. Alles, was ich zu dieser nächtlichen Stunde weiß, ist, daß es mich getroffen hat wie ein Blitz aus heiterem Himmel. Seit zwei Tagen gehst du mir nicht mehr aus dem Kopf, du hast dich in meinen Gedanken festgesetzt und stiftest Verwirrung. Du richtest ein wahres Durcheinander an, das Durcheinander der Liebe, das lautlos alles über den Haufen wirft. Das die Hände feucht und die Stirn heiß werden läßt, das den Bauch in einen Eisklumpen verwandelt und in den Augen ein Brennen vom unerträglichen Warten hervorruft.

Ich mag diese Wartezeit, dieses schwelende Feuer. Ich freue mich auf die nächsten Tage. Genährt vom Warten, werden sie sicherlich wunderbar sein.

Er ist ins Bad gegangen. Ich sitze steif auf einem dieser unbequemen Stühle des Sanatoriums Les Pervenches und warte darauf, daß er zurückkommt. Hinter der geschlossenen Tür höre ich ein leises Plätschern. Das intime Geräusch berührt mich peinlich. Aber anscheinend sind alle Männer so: Sie stehen auf und gehen mal kurz pinkeln, ohne sich etwas dabei zu denken.

Die Tür öffnet sich, er kommt herein, steuert geradewegs auf mich zu und küßt mich.

Ich erstarre. Der Mund, der selbstbewußt und erfahren meine Lippen verschließt, ist schlimmer als alles andere. Flirten war für mich bisher ein Spiel, dessen Regeln ich bestimmte, eine Art Zwang, gegen die Gesetze der Kindheit zu verstoßen. Die Grenzen waren klar: bis hierhin und nicht weiter. Anfassen verboten.

Doch jetzt auf einmal akzeptiert mein Körper die Berührung, die Liebkosungen, das Streicheln. Ich traue mich nicht, nein zu sagen, ihn zurückzustoßen, ich habe Angst, mich lächerlich zu machen und ihn zu vertreiben. Hoffentlich dauert der Kuß noch lange! Daß er mich überrumpelt hat, spielt eine große Rolle. Dennoch bin ich befangen und bleibe in der Defensive. Er spürt es. Bevor er Fragen stellen kann, sage ich schnell:

»Entschuldige, aber mir ist heute nicht danach.«

»Hast du keine Lust? Ich schon. Ich würde gern mit dir schlafen.«

»Nein.«

»Nein was?«

Er glaubt, ich hätte bereits sexuelle Erfahrungen. Er kann sich bestimmt nicht vorstellen, daß ich noch unberührt bin. Und ich bringe es nicht fertig, es ihm zu gestehen. Es ist mir peinlich. Vor mir selber bin ich stolz darauf, weil ich mich nicht dem erstbesten hingeben, sondern den richtigen Moment abwarten will, und weil ich hoffe, es wird ein unvergeßliches, ein wunderschönes Erlebnis sein, auch wenn es weh tut. Aber ich schäme mich, es zuzugeben. X-mal habe ich mir auszumalen versucht, wie es sein wird. Doch ich bringe es nicht über mich, die Bilder an mich heranzulassen, mir zwei nackte, engumschlungene Körper vorzustellen. Alles, was ich darüber gelesen und gehört habe, insbesondere von den Mädchen in meiner Klasse, läßt sich in einem Satz zusammenfassen: »Beim erstenmal ist es übel, aber dann ist es spitze.«

Sieh zu, wie du damit zurecht kommst, Barbara. Bestimmt gibt es Mädchen, die das Ganze lockerer nehmen. Die nicht mehr wissen als du, aber instinktiv handeln und den Sprung ins kalte Wasser wagen. Mein Instinkt sagt mir etwas anderes. Flucht. Das Stutfohlen, das vor dem Hengst zurückschreckt. Die Angst vor der Zerstörung des Traums.

»Ich hab' keine Lust. Laß mir ein bißchen Zeit. Vielleicht ein andermal . . . Ich werde jetzt besser gehen.«

»Was hast du denn? Sag schon, liegt es an mir? Hab' ich was falsch gemacht?«

Wir liegen aneinandergeschmiegt, halb ausgezogen auf seinem Bett. Ich drehe ihm den Rücken zu, ein Zipfel vom Kopfkissen drückt mir ins Gesicht, der Träger meines BH schneidet mir in die Schulter, ich kriege kaum Luft.

»Nein, nein, wirklich nicht, ich mag dich, ich möchte ja auch, aber nicht heute, mir ist heute einfach nicht danach.«

»Warum denn nicht? Bist du positiv?«

Er knallt mir die drei Silben an den Kopf, daß ich herumfahre und ihn völlig verdutzt anstarre.

»Wie kommst du denn darauf?«

»Nur so . . . Man hört ja nichts anderes mehr, alle reden nur noch davon, es gibt so viele HIV-Positive . . .«

»Quatsch, natürlich bin ich nicht positiv!« Ich bin so geschockt, daß ich mein schreckliches kleines Geheimnis preisgebe: »Ich bin noch Jungfrau, das ist alles.«

Er lacht schallend. Als er sich beruhigt hat, verzieht er höhnisch das Gesicht. »Willst du mich verschaukeln? Du und Jungfrau! Das kannst du mir nicht erzählen!«

»Dann glaubst du's eben nicht. Aber wahr ist es trotzdem.«

Schweigen. Wir liegen beide auf dem Rücken und starren an die Decke. Ich würde viel dafür geben, wenn ich jetzt in meinem Zimmer sein, mich unter die Bettdecke kuscheln und mein Stofftier an mich drücken könnte. Ich würde viel dafür geben, wenn ich diese Unterhaltung ungeschehen machen könnte. Die Demütigung und das schuldhafte Bewußtsein meiner Unschuld sind so groß, daß ich gar nicht auf den Gedanken komme, ihn danach zu fragen, ob er denn positiv ist . . .

Warum hat er mich gerade das gefragt und nicht irgend

etwas anderes? Ich war auf die klassische und etwas peinliche Frage gefaßt gewesen, die Jungs immer stellen, sobald man sie abweisend behandelt oder ein bißchen schlecht gelaunt ist: »Hast du deine Tage?« Aber nein, er fragt mich, ob ich positiv bin . . .

Wir leben in völlig verschiedenen Welten. Er hat Erfahrung, er weiß über diese Dinge Bescheid, während ich nicht eine Sekunde an so etwas gedacht habe.

Naive Barbara. Jungfräuliche Barbara. Regungslos liegt sie da, weil sie sich nicht traut aufzustehen, ihre Sachen zu schnappen und abzuhauen. Statt dessen blickt sie an die Decke und plaudert scheinbar gelassen über irgend etwas Belangloses. Etwas so Belangloses, daß ich mich nicht mehr daran erinnern kann. Und dann spielt sie die Schlafende, eng an den ruhenden Mann geschmiegt, der sie weder zu überreden noch zu vergewaltigen versucht, der einfach nur daliegt und schweigt. Ich benehme mich wie ein kleines Mädchen. Morgen ist alles vorbei. Ich will ihn nicht verlieren, aber die Sache ist gelaufen. Ich muß immer alles kaputtmachen. Warum geht bei mir immer alles schief? Was bin ich doch für eine eingebildete Kuh! Wo ist denn das Problem? Warum muß bei mir immer alles so kompliziert sein? Er macht doch auch nicht soviel Aufhebens davon. Miteinander schlafen heißt, sich näher kennenzulernen, basta! Cool, oder?

Außerdem nehme ich die Pille, seit drei Jahren schon, mit Erlaubnis meiner Mutter. Nicht als Vorsichtsmaßnahme, in Erwartung irgendwelcher unsittlicher Handlungen, sondern zur Regulierung meiner allzu unregelmäßigen Menstruation. Bei Magersüchtigen wie mir treten solche Probleme häufig auf. Es ist, als weigerten wir uns, zur Frau zu werden. Alles macht uns Mühe: unseren Teller leer zu essen, uns den Mondphasen anzupassen, zu leben.

Todmüde und mit einem vom vielen Rauchen trockenen

Mund liege ich auf der Kante des schmalen Betts. Meine erste Nacht mit einem Mann.

Er ist eingeschlafen. Ich wage nicht, mich zu rühren. Ich sage mir, wenn er aufwacht und sieht, daß ich fort bin, wird er sich noch mehr Fragen stellen. Ich will nicht, daß wir so auseinandergehen.

Ich finde keinen Schlaf. Ich verspüre einen unbändigen Drang zu reden, während sich jede Einzelheit dieses merkwürdigen Abends immer wieder vor meinem inneren Auge abspult. Ich überlege, was wir gesagt und gemacht haben, ich gehe die Texte im Spiralheft noch einmal durch, ich denke an Gainsbourg, an den Kuß, die Zärtlichkeiten, die Nähe. Und an meine Jungfräulichkeit. Es war ein schönes Gefühl, in seinen Armen zu liegen. Eigentlich hatte ich auch Lust dazu, aber da war die Angst, und außerdem habe ich mir das erste Mal anders vorgestellt, nicht so, nicht im Zimmer eines Sanatoriums, nicht am ersten Abend, und am andern Morgen bin ich Luft für ihn. Ich will mich nicht aus einer Laune heraus entjungfern lassen. Ich kenne ihn ja kaum. Und wenn jemand ins Zimmer gekommen wäre und uns halbnackt im Bett überrascht hätte? Nein, nein, es war schon richtig so.

Ich habe kein Auge zugemacht. Um 7 Uhr am nächsten Morgen halte ich es nicht mehr aus. Ich muß aufstehen. Ich streife den Mann an meiner Seite mit einem flüchtigen Blick: Er schnarcht leise, der Mund steht ein wenig offen, der nackte Oberkörper hebt und senkt sich, die Jeans ist verknittert. Ich komme mir indiskret vor.

Ich ziehe mir mein T-Shirt über den Kopf und greife nach meiner Tasche. Auf dem Balkon werde ich vor meiner Verlegenheit und unverhofften Besuchern sicher sein. Die Fensterläden sind halb geschlossen, von drinnen kann man mich nicht sehen, und draußen im Park hält sich zu dieser frühen Stunde noch niemand auf. Für einen neugierigen

Blick aus der Ferne bin ich nichts weiter als eine Patientin auf dem Balkon ihres Zimmers.

Die Zeit verrinnt. Die ersten verlassen das Gebäude zu einem Morgenspaziergang; keine der Gestalten kommt mir bekannt vor. Irgendwo auf einem Ast zwitschert ein Vogel.

Mir knurrt der Magen. Ich habe mir eine Zigarette angezündet und überlege, wie ich mich verhalten soll. Ob er mir böse ist? Was wird er sagen? Ich fühle mich elend. Hundeelend.

Die Pflegerin klopft nicht an, sie hat einen Hauptschlüssel. Sie stellt etwas auf dem Tisch ab. Es ist halb acht.

Ich hocke draußen auf dem Boden und wage nicht, mich zu bewegen. Ich lausche. Ich höre, wie die Pflegerin Antony einen guten Morgen wünscht und die Tür sich einen Augenblick später hinter ihr schließt. Als er aufgestanden ist, schleiche ich mich hinein.

»Ah, du bist ja noch da!«

»Wie du siehst«, antworte ich trocken. »Ich war draußen, ein bißchen frische Luft schnappen. Ich bin schon seit einer Stunde wach.«

Er fragt, ob ich gut geschlafen habe. Weiter nichts.

Auf dem Tisch liegen Medikamente. Ich will ihm keine persönlichen Fragen stellen. Er hat einmal erwähnt, daß er im Krankenhaus war; ich vermute, er hat einen Unfall gehabt oder mußte operiert werden.

Er geht ins Bad. Das Geräusch von Wasser —, Intimität, auf die ich kein Anrecht habe, die ich nicht verdiene. Diese gemeinsame Nacht ist nichts weiter als ein Mißverständnis gewesen. Er verliert kein Wort darüber, ich auch nicht. Gleichgültigkeit; bei ihm mag sie echt sein, bei mir ist sie nur gespielt.

Sein Gesicht ist feucht, als er zurückkommt. Er fährt sich mit den Händen durch die Haare, womit seine Morgentoilette beendet scheint, und streift dann das Sweatshirt vom Vortag über.

Es klopft einmal, eine Hilfskraft bringt das Frühstückstablett, stellt es auf dem Tisch ab und geht wieder. Sie hat mich gesehen. Wir sind zwar beide angezogen, aber ich befinde mich in einem Stockwerk, in dem ich eigentlich nichts zu suchen habe, schon gar nicht um 8 Uhr morgens. Sie wird sich bestimmt ihren Teil denken. Ach Scheiße, soll sie doch!

Er setzt sich und lädt mich ein, mit ihm zu frühstücken.

»Nein, danke, ich bekomme ja auch mein Frühstück aufs Zimmer. Ich werd' dann mal gehen.«

Die Tür wird abermals geöffnet, sein Kumpel kommt herein. »Grüß dich, Alter . . .«

»Hallo.«

Er ist nicht überrascht, mich hier zu sehen. Mir reicht's. Anscheinend kriege ich keinen guten Abgang hin. Und ich bin es leid, hier herumzuhängen wie ein kranker, bettelnder Hund.

»Also dann, ich verzieh' mich, mein Frühstück wartet, und ich muß unbedingt unter die Dusche.«

Äußerlich gelassen flüchte ich aus dem Zimmer. Ich könnte wetten, die beiden da drin werden über mich reden, sowie ich die Tür hinter mir zugemacht habe. Ich kann mir die Fragen vorstellen. Nein, lieber nicht. Ich würde es nicht ertragen, in meinem Kopf die Stimme des Unbekannten fragen zu hören: »Und? Hast du sie gebumst?«

Ich sehne mich nach Nebelschleiern, nach verwischten Umrissen. Vor allem aber sehne ich mich danach, allein zu sein. Ich laufe in den fünften Stock hinauf, Verzweiflung im Blick mit zerzausten Haaren, und schuldbewußtem Gesichtsausdruck, oder dem einer Verrückten.

Er wird nichts mehr von mir wissen wollen. Für mich, und nur für mich, war es Liebe auf den ersten Blick. Ich habe an Achtung, an Geduld, an Liebe geglaubt. Ich habe nein gesagt, und jetzt wird er mich links liegenlassen. Ich bin eine spießige dumme Kuh.

Die Dusche tut gut. Ich bin übermüdet nach dieser verrauchten, unglücklichen Nacht, und das Wasser beruhigt meine Nerven. Ich fühle mich nicht schmutzig. Gekränkt bin ich.

Zu diesem Zeitpunkt ahne ich nicht, daß ich nicht mehr allzulange im Stande der Unschuld zu leben habe. Ich ahne nicht, welche Tragödie mich ereilen wird. Ich sitze in der Falle, einer tödlichen Falle, und ich werde diesen Ort nicht »lebend« verlassen. Diesen sonnigen Ort, an dem meine Eltern mich in Sicherheit wähnen, finanziell abgesichert durch die Krankenkasse, unter ärztlicher Aufsicht und regelmäßig mit warmen Mahlzeiten versorgt.

Sooft ich mir jenen Morgen ins Gedächtnis zurückrufe, als ich unter der Dusche stand und das Wasser an mir herunterrann, während mir dumme Gedanken durch den Kopf wirbelten, muß ich unweigerlich denken, daß ich da noch eine Gnadenfrist hatte, daß alles noch vermeidbar gewesen wäre. Warum gerade ich?

Es ist, als betrachtete ich die Aufzeichnung eines Rennens, dessen Ausgang ich bereits kenne; ich sehe das nichtsahnende Pferd, das von einem schlechten Reiter geritten wird. Und ich weiß, am Ende der Galoppstrecke wird es keinen Sieger geben.

. . . auf den Lippen einen Kuß

Ich habe verstanden, ich bin ja nicht schwer von Begriff. Er ist mir den ganzen Tag aus dem Weg gegangen, er kennt mich nicht mehr. Ich habe mich wirklich saublöd benommen. Ich wollte ihn nicht verlieren und habe alles getan, um genau das zu erreichen. Ich war auf dem besten Weg, mich in diesen Jungen, der sich für mich interessierte, zu verlieben. Gestern, als er mich ansah, mich berührte, mich küßte, hatte ich das Gefühl, schön zu sein. Wenn ich mit ihm hätte schlafen müssen, um ihn zu behalten, hätte ich das eben tun sollen. Ich hätte bereit sein müssen. Tun, was alle anderen auch tun.

Ich existiere nicht mehr für ihn. Er plaudert und scherzt und lacht mit jedem, aber meinem Blick weicht er aus. Und ich Idiotin habe der dicken, nach Einzelheiten gierenden Sophie von »meiner Nacht« erzählt.

»Das hab' ich mir gleich gedacht, daß zwischen euch was läuft!«

Ich verschweige, daß überhaupt nichts passiert ist. Sie würde mir sowieso nicht glauben. Und außerdem schäme ich mich. Das Unheil nimmt seinen Lauf, und ich unternehme nichts dagegen. Sie denkt bestimmt, er meidet mich absichtlich, damit die alten Leute, die uns argwöhnisch beobachten, keinen Verdacht schöpfen. Eine Liebesgeschichte in einem Sanatorium wäre ein gefundenes Fressen.

Ich kriege nichts runter, weder den Frühstückskaffee noch den Berg Hörnchennudeln zum Abendessen. Wer kann um 6 Uhr abends Nudeln essen, wenn das Herz kopfsteht?

Ich liebe ihn. Ich rede mir ein, daß ich ihn liebe.

Wir haben die Nacht zusammen verbracht. Er hat alles versucht, mit Worten und mit Gesten, um mich zu überreden, mit ihm zu schlafen. Er hat alles versucht. Aber er konnte mir die Angst nicht nehmen, im Gegenteil, ich verkrampfte mich immer mehr. »Ich habe seit sechs Monaten kein Mädchen mehr angefaßt.« Das hat noch keiner zu mir gesagt. Und noch keiner hat so offen seine Lust auf Sex zum Ausdruck gebracht. »Bist du positiv?«

Das hat mich ziemlich geschockt. Und mich mehr verletzt als alles andere. Ich grübele unentwegt darüber nach. Während ich die Zeit im Park, vor dem Fernseher, in Sophies Gesellschaft totschlage, schleppe ich die Demütigung mit mir herum. Eine doppelte, eine dreifache Demütigung ... ein ganzes Bündel davon. Er hält mich für ein kleines Mädchen — was ich ja auch bin —, für eine Unschuld vom Lande — was ich ebenfalls bin —, für eine, die Angst vor einem Penis hat. Es stimmt, ich wollte ihn nicht sehen, seinen Penis. Dazu hätte es einer zärtlichen, liebevollen Atmosphäre bedurft. Immer wieder der alte Traum ... Dennoch hat es mir geschmeichelt, daß er Lust auf mich hatte, mich begehrte.

Sinnliches Verlangen ist etwas Schönes. Es muß etwas Schönes sein.

Sophie stößt mich mit dem Ellbogen an. »Sieht ganz so aus, als hätte dein Typ dich abserviert. Hast du heute abend schon was vor? Wollen wir zusammen fernsehen?«

Der Kloß in meinem Hals wird immer dicker. Ich habe mir eine Zigarette nach der anderen angesteckt und mit dem Rauch alles andere auszustoßen versucht. Ein neuer Schmerz. Hervorgerufen von der Abfuhr, die ich mir geholt habe. Du hast dich wohl für unwiderstehlich gehalten, weil die Mädchen in der Schule von dir sagen, du seist so schick und hättest Klasse? Und was hast du jetzt davon? Antony war scharf auf meinen Körper und sonst gar nichts. Vieles in seinen Texten deutet darauf hin. Ich erinnere mich an ein paar Verse, die mich unangenehm berührt hatten:

Mädchen in Garagen, nackt bis auf die Haut . . .
Gebückt, besprungen, geboren, um zu leiden,
Auserwählt, sich an einem einsamen Ort zu entkleiden.

Sophie bewundert meine Haare. »Läßt du sie nie schneiden?«

Um Gottes willen! Meine Haare sind mein Markenzeichen. Als kleines Mädchen trug ich sie ganz lang, und ich nahm mir vor, sie niemals abschneiden zu lassen. Meine Mutter machte mir immer einen Pferdeschwanz oder Zöpfe. Ich war ungefähr sechs, da waren sie so lang, daß meine Mutter entschied, sie müßten geschnitten werden, weil sie das Theater satt hatte. Ich wollte aber nicht zum Friseur, ich machte einen Aufstand, wälzte mich am Boden, schrie und heulte. Meine Haare waren mein ein und alles, mein Heiligtum. Zu guter Letzt fielen sie doch der Schere zum Opfer. Der Friseur tröstete mich:

»Du wirst sehen, sie wachsen bald wieder nach, und dann sind sie schöner als vorher. Ich werde sie dir in einen Beutel tun, und du kannst sie aufheben.«

Ich fand mich unmöglich, als ich anschließend in den Spiegel schaute. Ich sah aus, als hätte mir jemand einen Kochtopf aufgesetzt und alle Haare, die vom Kinn abwärts hervorschauten, abgeschnitten. Ich hatte eine Mordswut auf meine Mutter. Das alles verdankte ich einem vierwöchigen Aufenthalt in einem Ferienlager. Von dort hatte ich nämlich Läuse mitgebracht. Was hat meine Mutter sich abgeplagt! Jeden Abend rückte sie den Biestern mit heißem Essig und einem feinen Kamm auf den Leib. Eine Stunde lang, Tag für Tag. Das war der reinste Horror. Mein Haar stank fürchterlich. Aber ich wollte es unbedingt behalten.

Anfangs bewahrte ich den abgeschnittenen Haarstrang gut sichtbar in einer Ecke meines Zimmers auf. Jeden Tag nahm ich ihn in die Hand, betrachtete ihn, strich zärtlich darüber. Ich habe ihn noch immer, zu Hause in Chartres, im Schrank versteckt zwischen meinen Kleidern. Beim Aufräumen fällt er mir gelegentlich wieder in die Finger, und dann muß ich jedesmal an die Szene damals denken. Selbst heute noch ist es wichtig für mich zu wissen, daß meine Haare noch da sind.

Sophies Frage jedoch beantworte ich nur mit einem gleichgültigen: »Schneiden? Nein, nie. Nur die Spitzen.«

Trödele ich absichtlich mit Sophie im Gang vor dem Speisesaal herum? Bestimmt. Ganz bestimmt sogar. Dieser Schwebezustand macht mich krank.

»Wir gehen zu dir, sobald ihr fertig seid mit Quatschen.«

Er sagt es einfach so, wie etwas ganz Selbstverständliches, als hätten wir das so besprochen, als gehörte ich ihm bereits. Dabei habe ich den ganzen Tag vergeblich auf ein Zeichen, ein Lächeln, eine Geste von ihm gewartet. Eine Ermutigung, etwas, das mir gesagt hätte: »Es war doch schön gestern abend. Wollen wir es nicht noch einmal versuchen? Ich verachte dich nicht, ich liebe dich.« Der stumme Dialog spielte sich in meinem Kopf ab. Geantwortet hätte ich ihm . . . Nichts. Ich hätte ihn nur angesehen, er hätte die Antwort in meinen Augen lesen können.

Die Wirklichkeit überrascht mich immer wieder. Es ist Abend geworden, und ich werde ein weiteres Mal seine Beute sein. Als ob wir bereits seit Monaten zusammen wären, als ob ich sein Eigentum wäre. Aber ich will nicht jemandes Eigentum sein. Es fehlt die Zärtlichkeit, in den Worten, in den Gesten. Jemandem gehören, das ist etwas rein Körperliches. Etwas Gewöhnliches.

Und trotzdem sage ich nicht nein. Auch wenn es mich Überwindung kostet, weil ich noch nicht soweit bin.

Er könnte wenigstens meine Hand nehmen. Oder mir den Arm um die Schultern legen.

Wir gehen nebeneinander her, im Fahrstuhl sehen wir aneinander vorbei. Wir benehmen uns wie zwei Fremde. Als wollten wir den Anschein erwecken, daß wir im Begriff sind, etwas ganz Harmloses zu tun, fernsehen zum Beispiel.

Die Tür zu meinem Zimmer geht auf und wieder zu. Ich bin wie versteinert.

Es ist alles verkehrt. Ich habe ihn gebeten, das Licht zu löschen, und mache es dann selbst aus. Ich will Dunkelheit, ich will weder mich noch ihn sehen.

Ich mag seine Hände nicht. Sie sprechen nicht von Liebe, und sie nehmen sich auch keine Zeit. Sie haben es eilig.

Ich habe wirklich geglaubt, ich würde etwas für ihn empfinden. Ich bemühe mich, etwas für ihn zu empfinden. Du liebst ihn doch, rede ich mir ein, was soll da schon schiefgehen? Dann die plötzliche Erkenntnis, daß er mich nicht liebt. Meinen Körper, ja, aber nicht mich.

So habe ich mir diese Nacht nicht vorgestellt.

Gestern war er zärtlich. Heute, wo er weiß, daß ich noch Jungfrau bin, müßte er mich noch behutsamer, noch rücksichtsvoller behandeln. Das tut er aber nicht.

Einmal höre ich ihn »Entspann dich, es wird alles gutgehen« oder etwas Ähnliches sagen.

Das war's aber auch schon. Er versucht nicht einmal, mir die Befangenheit zu nehmen. Ich bin ganz allein mit diesem Körper.

Ich betrachte die Schatten im Zimmer. Mein Gehirn ist wie betäubt. Ein einziger Gedanke kehrt zwanghaft immer wieder: Es muß sein. Es muß! Als ob mein Leben davon abhinge. Wie eine Art Prüfung, die ich bestehen muß, um frei zu sein, erwachsen zu werden. Um eine junge Frau zu werden, die sich nicht mehr scheut zu sagen: »Ich hab' keine Lust heute abend.« Weil sie Bescheid weiß.

Schmerz. Und die Angst, jemand könnte hereinkommen. Er hat zwar abgeschlossen, was verboten ist, auch wenn niemand ausdrücklich darauf hingewiesen hat, aber die Pflegerinnen haben Hauptschlüssel.

Ein Klinikbett ist kein besonders romantischer Ort.

Mir kommt es wie eine Ewigkeit vor, während es in Wirklichkeit nur ein paar Minuten dauert. Ich habe das Gefühl, er ist enttäuscht. Aber ich habe ja keine Vergleichsmöglichkeit.

Die Junisonne ist noch nicht untergegangen. Es ist still, so still, daß ich weinen möchte. Seine Ungeduld tut weh.

Und dann das viele Blut! Furchtbar. Wo ich doch kein Blut sehen kann.

Schnell ins Bad. Kein Licht. Ich würde es nicht ertragen, mein Gesicht oder meinen Körper zu sehen. Ich wasche mich im Dunkeln. Überleben in der Dunkelheit.

Er wartet im Bett auf mich. Er hat den Fernseher eingeschaltet.

Es war ein totaler Flop. Wahrscheinlich meine Schuld. Der Schmerz, nicht nur der körperliche, ist kaum auszuhalten.

Beim nächstenmal werde ich mich zusammenreißen, damit diese Pleite so schnell wie möglich in Vergessenheit gerät. Alle haben mir gesagt, beim erstenmal mache es nie Spaß. Also war das ganz normal. Was ich am meisten vermißt habe, war die Zärtlichkeit. Den Schmerz, die Scham, die Verlegenheit, die Anstrengung, nur ja keinen Lärm zu machen in diesem winzigen Bad, das alles kann ich ertragen. Aber den Mangel an Zärtlichkeit?

Es wäre eine Lüge zu behaupten, ich hätte von dieser Nacht geträumt. Ich hatte eine Heidenangst davor. Geträumt habe ich von den Stunden davor und denen danach.

Juninacht! Siebzehn Jahre! – Welch ein Genuß!

Zu Kopfe steigt der Saft, berauschend wie Champagnerprickeln . . .
Die Gedanken schweifen; man spürt auf den Lippen einen Kuß,
Flatternd wie ein kleines Tierchen zittern . . .

Ich will es wieder tun, will es besser machen. Später irgendwann. Er legt die Arme um mich. Bilder ohne Ton flimmern über die Mattscheibe. Wir schlafen ein. Das heißt, er schläft ein, ich liege da und träume.

Am nächsten Morgen, kaum daß er die Augen aufgeschlagen hat, bringt er ein überzeugendes Argument vor:

»Morgens ist es immer schöner, du wirst sehen . . .«

Und ich glaube ihm. Ich habe am Abend zuvor gemacht, was er wollte, und ich mache es jetzt wieder.

Das Frühstück wird ausgeteilt. Die Pflegerinnen gehen durch den Gang. Türen werden geöffnet und wieder geschlossen. Ich frage Antony, ob er in sein Zimmer zurück will.

»Wenn ich jetzt hier rausgehe, sehen sie mich, und dann schöpfen sie bestimmt Verdacht«, antwortet er. »Ich geh' solange ins Bad.«

Mein Zimmer hat keinen Balkon. Er schließt sich also im Bad ein. Die Schwester kommt mit dem Frühstückstablett.

»Guten Morgen.«

»Morgen.«

Ich frühstücke allein und nutze die Zeit, mich zu sammeln.

Als Antony wieder aus dem Bad kommt, hat er sich flüchtig gewaschen und gekämmt. Er lächelt mir strahlend zu. Dann stiehlt er sich davon.

Er sieht phantastisch aus heute morgen, mein Dieb. Sein Lächeln bat um Verzeihung: dafür, daß er ein Mann ist, dafür, daß er mich genommen hat.

So, das hätten wir. Jetzt kann ich in den Spiegel schauen, mich von meinen Träumen verabschieden, von meinen romantischen Ideen, von meinem Bedürfnis nach Schönheit und Reinheit, von meiner Kompromißlosigkeit. Ich kann, ich muß den Dingen des Lebens ins Auge sehen. Sex tut weh beim erstenmal, weil er männlich ist. Ich werde es schon noch lernen.

Ich betrachte die braunen Kaffeeränder an der weißen Tasse und frage mich, ob ich vielleicht frigide bin. In den folgenden Tagen lese ich einiges zu diesem Thema. Aber schlauer werde ich nicht. Ich habe es hingenommen, daß er mit mir schläft, ich habe ihm, nicht mir diesen Akt zum Geschenk gemacht.

Liebe ist für mich ein Gefühl des Tages, er kennt nur die Liebe der Nacht. Und doch ist der Abscheu vor dem Angefaßt-, dem Bedrängtwerden unwichtig im Vergleich dazu, daß er mich liebt.

Ich bin nicht mehr allein. Mein Körper gehört jemandem.

Diesen idiotischen Stolz trug ich noch einige Tage mit mir herum. So schrieb ich meiner besten Freundin in Chartres: »Ich habe jemanden kennengelernt. Er verfaßt Gedichte, stell Dir vor. Er ist irgendwie merkwürdig. Ich werde Dir später mehr erzählen . . .«

Die Unschuld war noch vorhanden, das Glück würde folgen. Das Abenteuer, das Leben. Ich schwebte im siebten Himmel.

Heute weiß ich, daß meine Vorstellung von Liebe schuld an allem war. Und daß von Liebe keine Rede sein konnte. Oder höchstens von einer tödlichen Liebe. Einem — bewußten oder unbewußten — Drang zu zerstören, zu töten.

Mir blieben noch acht Tage Kindheit.

Manchmal ist die Luft so mild, daß man die Augen schließt

Dritter Tag. Vormittag.

Er sitzt in seinem Zimmer am Schreibtisch.

»Komm mal her, ich will dir was zeigen. Es wird dir gefallen, du wirst sehen.«

Er hält mir ein kleines, ganz dünnes rosarotes Heft hin. Schlechtes Papier. Auf der Vorderseite ein blaues Krokodil und darunter: »Dieses Heft gehört . . .« Er hat seinen Nachnamen hingeschrieben, wie ein ordentlicher Schüler. Das Gedicht ist mir gewidmet.

Gebt mir eine Frau, und macht sie drei Meter groß.
Macht mir eine Frau, macht sie drei Meter groß.
Macht sie nicht häßlich, und macht sie nicht klein.
Macht mir eine Frau, macht sie drei Meter groß.
Macht sie drei Meter groß und schön.
Wenn ich mich ändern soll, macht mir eine süße Kleine,
macht sie drei Meter groß.
Gebt mir jemanden, den ich die ganze Nacht lieben kann.
Seht nur, dort kommt sie schon, die Kleine, die drei Meter
groß ist.
Willst du mich?

Ich bin tief gerührt. Nicht gerade eine literarische Meisterleistung, aber es ist hübsch und sehr lieb, und mein Herz schlägt wie verrückt. Vor meinen Augen funkeln Sterne. Dieses »Willst du mich?« hat er quer über den Text geschrieben. Ein Liebesantrag.

Leicht vorgebeugt, den Blick auf mich geheftet, wartet er auf eine Antwort.

»Willst du mich?«

Mein Kopf ist leer. Ein Gefühl, als wäre ich ein wenig beschwipst. Schüchtern sage ich: »Ja.«

Er lächelt und nimmt mir das Heft aus der Hand. In die Zeilen vertieft, sitzt er da, seine Silhouette zeichnet sich gegen das morgendliche Licht ab. Mein Dichter, der für mich schreibt, träumt. Von mir?

Ich lege mich aufs Bett, in die warme Kuhle, die sein Körper in der Matratze hinterlassen hat. Ich passe mich ein, ich mache mich ganz, ganz klein, weil ich für ihn drei Meter groß bin.

Der Rauch meiner Zigarette, ein lieblicher Junimorgen, der über den Schreibtisch gebeugte Oberkörper. Ein kostbarer Augenblick, stark wie hochprozentiger Alkohol. Er will mich, ich habe ja gesagt. Wir sind zusammen.

Den nächsten Tag über, die ganze Nacht hindurch zusammen. Ich habe sein Bett nicht verlassen. Seinen Körper auch nicht.

Am nächsten Tag machen wir einen Spaziergang. Ich will in seine Gedanken eindringen. Ihn kennenlernen. Seit vier Tagen schlafe ich mit einem Mann, den ich nicht kenne.

Er spricht wenig. Statt mir Angst einzujagen, ruft die Kurzfassung seines Lebens mein Mitleid hervor. Ehemaliger Drogenabhängiger. Hat gerade eine Entziehungskur hinter sich. Wird nie mehr rückfällig werden. Der Entzug war die Hölle. Sein Vater, seine ganze Familie will nichts mehr von ihm wissen. Kleine Jobs, von denen er die Schnauze voll hat. Arbeitslos zu sein, ist Scheiße.

Shit ist für ihn etwas ganz Normales. Von Heroin redet er wie von einer Reise in die Hölle. Ich komme mir wichtig vor, weil er mir sein Vertrauen schenkt. Als er mich bittet, ihm etwas über mich zu erzählen, sind mir meine Schulmädchenprobleme, mein Leben auf der Standspur, fast ein bißchen peinlich. Schwierigkeiten mit meiner Mutter, Magersucht, Gymnasium. Meine Gewalttätigkeit sei auf die mangelnde Fähigkeit, Beziehungen einzugehen, zurückzuführen, sagt meine Psychiaterin.

Antony streckt sich. Das T-Shirt rutscht nach oben, der Rücken darunter ist drahtig, muskulös.

»Warum bist du eigentlich hier? Du bist doch nicht zu dünn. Ich finde, du hast eine klasse Figur. Mir gefällst du so, wie du bist. Ich liebe deinen Körper, deine Brüste, deine Haare. Und du hast traumhafte Augen.«

Daß er mich schön findet, hat er mir von Anfang an gesagt. Früher, als ich noch klein war, habe ich das oft gehört. Danach nie wieder. Niemand hat es mir so oft gesagt wie Antony. Oder auf diese ungewöhnliche Weise. Mein nackter Körper inspiriert ihn zu einem seiner eigenwilligen Gedichte:

»Ich mag den Schwung deiner Hüften. Ich mag die Rundung deines Hinterteils. Du machst mich so total geil, daß ich einen Wahnsinnsständer bekomme. Ich mag das.«

Nicht sehr fein, ich weiß, aber erregend, wenn der Mann, der es sagt, dich in die Arme nimmt und verlangend mit Raubtierblick ansieht. Ich fühle mich dann wie eine richtige Frau, er gibt mir mein Selbstvertrauen zurück. Was für eine schreckliche Macht.

»Ich habe einen Selbstmordversuch hinter mir.«

»Bist du mit Psychopharmaka behandelt worden?«

»Nein, diesmal nicht. Meine Ärztin sagt, ich leide unter Depressionen, aber ich will keine Medikamente nehmen. Das ist doch keine Lösung. Ich fühle mich auch nicht krank. Ich habe eben meine Wutausbrüche und meine hysterischen Anfälle, aber ich glaube, das hängt mit der Situation zu Hause und in der Schule zusammen. Ich habe mich weder in meinem Kopf noch in meinem Körper wohl gefühlt.«

»Was machen deine Alten eigentlich?«

»Meine Mutter hatte früher ein Stehcafé. Sie kam auf die Idee, da war ich ungefähr sieben, und sie führte es sieben Jahre lang. Sie sagte, wir wären auf das Geld angewiesen. Es war der absolute Horror. Wir waren überhaupt keine Familie mehr. Meine Mutter sah ich praktisch nie. Wenn ich nachmittags aus der Schule kam, mußte ich durchs Café, um in unsere Wohnung zu gelangen. Meine Mutter merkte nicht einmal, daß ich wieder da war. Sie stand an der Theke und schwatzte mit den Gästen. Mich nervte das. Und wenn mein Vater von der Arbeit nach Hause kam, half er im Café aus. Um 21 Uhr machten sie den Laden dicht, um 22 Uhr gingen sie zu Bett. Wir aßen allein, meine Geschwister und ich, und wir machten unsere Hausaufgaben allein. Unsere Eltern bekamen wir kaum zu Gesicht. Es gab eine Zeit, da wollten sie sich scheiden lassen. Aber da haben die Kinder schließlich auch ein Wörtchen mitzureden. Meine Schwester bekam den Mund nicht auf, mein Bruder war noch zu klein, er verstand gar nicht, worum es ging. Aber ich habe mit meiner Meinung nicht hinterm Berg gehalten, ich sagte ihnen immer: ›Wenn Mama und Papa sich scheiden lassen, dann will ich zu Papa, ich werde auf keinen Fall bei Mama bleiben.‹ Und ich hätte es auch wirklich gemacht. Dann wäre die Familie kaputt gewesen. Eine Scheidung reißt eine Familie immer auseinander.«

»Aber sie haben sich dann doch nicht scheiden lassen, oder?«

»Nein, davon ist keine Rede mehr. Heute kommen sie ganz prima miteinander aus. Sie lieben sich nicht mehr auf die gleiche Art wie früher, aber man merkt, daß da immer noch etwas ist. Daß sie nicht bloß uns, den Kindern, zuliebe zusammenbleiben. Meine Mutter hat übrigens das Café verkauft. Anfangs ist es ganz schön hart gewesen, weil uns das Geld, das sie damit verdient hatte, an allen Ecken und Enden fehlte. Wir mußten umziehen, und meine Mutter mußte sich eine Stelle suchen. Ein Jahr war sie arbeitslos. Sie war total mit den Nerven runter, hatte ständig eine Mordslaune und wir natürlich auch, weil es nicht mit ihr auszuhalten war. Es wurde erst besser, als sie Arbeit fand, eine geregelte Arbeit. Jetzt ist wieder alles okay. Wir haben zwar nicht mehr soviel Geld wie früher, aber dafür sind wir glücklich, das ist die Hauptsache. Auf das Geld können wir verzichten.«

»Die Kohle muß stimmen, das ist das wichtigste. Du kannst von Glück reden, daß du solche Eltern hast. Ich würde sie nicht vor den Kopf stoßen, wenn ich du wäre.«

Ich habe zuviel geredet. Und mich schlecht ausgedrückt. In Wahrheit ist diese Geschichte sehr viel ernster. Viel zu ernst. Er allerdings scheint nichts wirklich ernst zu nehmen.

»Mich kotzt das alles an hier. Ätzend langweilig. Wie ist denn Chartres so?«

»Prima.«

»Ich werde dich mitnehmen, wenn ich nach Aix fahre. Ich muß mir Shit besorgen. Mach dir nicht ins Hemd, ist ja bloß was Sanftes.«

Eine andere Welt, eine andere Sprache. Alle reden von Drogen, aber da, wo ich herkomme, weiß man nur das darüber, was man in der Zeitung gelesen, im Fernsehen gesehen oder in der Schule gehört hat. Das ist alles so weit weg.

Bevor ich Antony kennenlernte, war ich unschuldig in mehr als einer Hinsicht. Ich wußte nichts vom Leben. Jetzt höre ich auf einmal sein Rauschen, bekomme eine Vorstellung von seiner dunklen Seite. Sie reizt mich nicht, aber sie macht mich neugierig. Ich will mehr darüber wissen. Ich sage mir: Barbara, du wirst ihm helfen, da rauszukommen. Er liebt dich, also mußt du ihm Halt geben, für ihn dasein, wenn er dich braucht. Und eines Tages wirst du ihn nach Chartres mitnehmen, irgendwann später einmal, wenn du dir seiner sicher bist. Fürs erste hör ihm einfach zu, laß ihn spüren, daß du für ihn da bist, hab Geduld. Die erste Liebe muß man sich verdienen.

Nachmittag. Allgemeine Mittagsruhe.

Wir liegen aneinandergekuschelt auf dem Bett. Eine Pflegerin kommt herein, vielleicht auch eine Reinemachefrau; ich erkenne nur einen weißen Kittel durch meine halbgeschlossenen Lider. Antony hat den Arm unter meinen Kopf geschoben. Ich bleibe still liegen.

Er hat keinen Fernseher im Zimmer, jenen magischen Apparat, der es gestattet, Besuche in fremden Zimmern zu machen. Als ob ein Fernseher so eine Art Gefangenenaufseher wäre, als ob es in seiner Gegenwart unmöglich wäre, etwas anderes, Verbotenes, zu tun. Zusammen fernzusehen ist erlaubt. Zusammen ein Mittagsschläfchen zu halten nicht.

Diesmal hat man uns gesehen.

Der Weißkittel ist überrascht, verunsichert, peinlich berührt. Er huscht an unseren reglosen Gestalten und geschlossenen Augen vorbei, legt Medikamente auf den Tisch und eilt wieder hinaus. Alles in zwei Sekunden. Ohne ein Wort. Wir sehen uns nur an. Wir finden nichts Schlimmes an der Situation. Schließlich haben wir nichts Unanständiges getan.

Jetzt weiß sie, daß wir zusammen sind, denke ich. Mehr nicht. Im Grunde ist es mir schnuppe. Solange sie uns nicht beim Knutschen oder unter der Bettdecke erwischen . . .

Wir spielen das übliche Spielchen: Also, ich geh' dann mal zurück in meine Bude, wir sehen uns später.

Nach einer Weile streckt Antony den Kopf zur Tür herein:

»Du, ich muß zur Direktorin. Die Alte, die mir heute nachmittag meine Tabletten gebracht hat, hat ihr gesteckt, daß wir zusammen im Bett waren. Warte in der Eingangshalle auf mich. Mach dir keine Sorgen, ich biege das schon hin. Daß sie nur mich zu sich bestellt hat und nicht uns beide, zeigt doch, daß sie gar nichts unternehmen können.«

Er versucht zwar, mich zu beruhigen, aber ich habe Bammel.

Als er nach einer halben Stunde aus dem Büro der Klinikleiterin kommt, macht er ein zerknirschtes Gesicht. Wie ein kleiner Junge, dem man ordentlich die Leviten gelesen hat.

»Alles klar. Sie hat nur gesagt, daß es sich in einer Klinik nicht gehört, zusammen im Bett zu liegen, und daß es nicht noch einmal vorkommen darf. Das ist alles.«

Ich bin sicher, sie hat ihm mehr gesagt, etwas Persönliches, sonst hätte sie mich auch zu sich zitiert. Wahrscheinlich hat sie gedroht, ihn hinauszuwerfen, wenn er sich nicht zurückhält, schließlich bin ich noch minderjährig. Aber ich stelle keine Fragen. Sie denken, ich sei eine kleine Göre? Dann muß ich ihnen eben beweisen, daß ich schon groß bin. Mindestens drei Meter ...

Antony lächelt ganz gelöst. »Die werden uns nicht mehr auf die Nerven gehen, keine Sorge. Wir dürfen uns bloß nicht erwischen lassen. In Zukunft passen wir eben besser auf. Komm jetzt ...«

Die dicke Sophie flüstert mir im Park zu:

»Du, hör mal, dein Typ, der soll Pilze haben ...«

»So? Mir ist nichts aufgefallen.«

»Es hat sich herumgesprochen, daß ihr zusammen seid, weißt du ...«

»Und? Wo ist das Problem? Sollen sie sich ruhig das Maul über uns zerreißen. Wir sind glücklich miteinander, das ist die Hauptsache.«

»Schon, aber einige behaupten, er sei krank.«

»Krank, krank, was heißt das schon? Er ist ein Ex-Junkie, das hab' ich dir doch gesagt. Er hat es mir selbst erzählt. Er war mehr als zehn Jahre drogenabhängig und hat eine sechsmonatige Entziehungskur hinter sich. Das hat ihn ganz schön geschlaucht, deshalb ist er hier: um neue Kräfte zu tanken. Seine Mutter lebt nicht mehr. Und das Verhältnis zu seinem Vater ist nicht besonders. Er hat mehrere Brüder und zwei Schwestern, aber mit denen versteht er sich auch nicht. Er hat mir ein bißchen was über sich erzählt. Er nennt sich selbst einen Ex-Junkie, und er will nichts mehr mit Drogen zu tun haben. ›Ich hab' bis zum Hals in der Scheiße gesteckt, und ich bin froh, daß ich es geschafft habe, da wieder rauszukommen‹, hat er zu mir gesagt. Am Anfang hat er sich hin und wieder einen Joint gedreht, da war mir klar, daß er mit Drogen zu tun gehabt haben muß.«

»Alles schön und gut, aber er hat einem anderen Typ seine Zunge gezeigt und gesagt, da und da hätte er Pilze . . .«

Einen Augenblick bin ich sprachlos. Mir ist nichts aufgefallen, und gesagt hat er mir auch nichts davon. »Ich kann mir nicht vorstellen, daß das stimmt, das hätte er mir doch gesagt, und ich hätte es doch sehen müssen.«

»Eine Menge Leute behaupten übrigens, er sei positiv.«

Mein Gehirn setzt für eine Sekunde aus. Verdammt noch mal, das darf doch nicht wahr sein, denke ich, was haben die bloß alle hier mit ihrem »positiv«?

»Davon weiß ich nichts, und was die anderen reden, interessiert mich nicht. Das hätte er mir doch nicht verschwiegen. Oder er hätte aufgepaßt und sich anders verhalten.«

»Ich kann dir nur sagen, was ich gehört habe . . .«

Die Erwachsenen reden über unsere Beziehung. Sie haben uns aufgespürt und sind froh, daß sie endlich was zu tratschen haben. Wie Spanner beobachten sie uns. Irgend jemand hat ein Gerücht in die Welt gesetzt: »Antony ist positiv, Barbara wird es bestimmt auch bald sein«, und das geht jetzt von Mund zu Mund, wird weiterverbreitet, obwohl niemand etwas Genaues weiß. Sind das vielleicht alles Ärzte, daß sie sich so gut auskennen? Oder hat Antony sich irgend jemandem anvertraut? Wohl kaum, denn wenn er mit jemandem gesprochen hätte, dann ja wohl mit mir.

Sophie ist genau wie alle anderen: Sie plappert nach, was sie irgendwo aufgeschnappt hat, und erzählt es weiter. Ich finde das zum Kotzen. Warum müssen sie auf uns herumhacken? Warum lassen sie uns nicht einfach in Ruhe? Da habe ich endlich einmal jemanden gefunden, mit dem ich glücklich bin, und schon versuchen sie alles, um meine Beziehung kaputtzumachen. Ich habe das Gefühl, die ganze Welt mißgönnt mir mein Glück. Zu Hause macht mir die Familie das Leben zur Hölle, hier ist es das ganze Sanatorium. Weil wir immer zusammen sind, zusammen im Park spazierengehen, zusammen lachen und über alles reden. Es ist einfach super. Den anderen, die sich für den Maßstab aller Dinge halten und die ausschließlich mit ihrem Bauch und ihrer Zellulitis beschäftigt sind, ist eine Liebesgeschichte zwischen zwei jungen Menschen natürlich ein Dorn im Auge. Nicht einmal Sophie macht da eine Ausnahme. Dabei war sie am Anfang auf meiner Seite. Ich weiß noch, wie sie einmal zu mir gesagt hat:

»Es war völlig richtig, daß du nicht gleich am ersten Abend mit ihm geschlafen hast. Sonst hätte er keinen Respekt mehr vor dir gehabt.«

Was soll ich tun? Natürlich läßt mir die Sache keine Ruhe. Und wenn ich Antony einfach darauf anspreche? Ich finde es schrecklich, jemanden auf Gerüchte hin, die sich womöglich als falsch erweisen, zur Rede zu stellen. Außerdem hat er schon genug durchgemacht. Das wäre bestimmt nicht gut für ihn, wenn er erführe, was die Leute über ihn reden. Er hat unter der mangelnden Kommunikation innerhalb seiner Familie gelitten und unter dem schlechten Verhältnis zu seinem Vater. Seine Brüder gehen alle aufs Gymnasium oder auf die Uni, für die ist er ein Versager. Die haben gut reden, sie sind ja auch nicht arbeitslos. Er sagt, er hat früher schon gearbeitet, aber nirgends lange. Einmal hatte er sogar eine Stelle als Lagerverwalter. Danach fand er nur noch Gelegenheitsjobs. Er hat einen Haß auf die Gesellschaft, er versteht nicht, warum sein Vater ihn so mies behandelt, warum er von der Stütze leben muß, warum man ihm vorhält, daß er Mist gebaut hat. Der Griff zu den Drogen war teils der Grund dafür, teils die Folge davon. Aber jetzt hat er mich, er rechnet mit mir, und ich will nicht diejenige sein, die ihm diese Verleumdungen hinterbringt.

Anruf bei den Eltern. Dialog nach Schema F.

»Ißt du auch richtig?«

»Ja, mach' ich.«

»Hast du schon zugenommen?«

»Nein. Nicht, daß ich wüßte.«

»Geht es dir auch gut? Brauchst du irgend etwas?«

»Nein, nein, alles bestens.«

Wir schlafen engumschlungen ein.

Es ist hell geworden. Die Hilfskraft teilt das Frühstück aus. Sie mustert uns mit kaltem Blick. Sie hat uns im Schlaf überrascht. Wir haben beide nichts an unter der Bettdecke. Ich liege in Antonys Armen. Er macht sich ganz klein, versucht, sich unter der Decke zu verstecken, aber die Frau ist ja nicht dumm. Eigentlich eine komische Situation. Sie stellt das Tablett ab und verläßt wortlos das Zimmer. Wir sehen uns an und lachen los.

»Diesmal sind wir dran«, sage ich. »Was, glaubst du, wird jetzt passieren?«

»Gar nichts, was soll denn passieren? Wir haben doch nichts Schlimmes getan.«

Das Gelächter ist verstummt, wir sind beide verlegen. Er steht auf und zieht sich an. Er macht Witze.

»Ist es dir wirklich egal?«

»Scheißegal! Was können sie uns denn anhaben?«

»Ich weiß nicht . . . Ach, was soll's, du hast recht, mir ist es auch egal.«

In Wirklichkeit denke ich an meine Eltern. Ich befinde mich hier in einer Art Pensionat. Ich bin minderjährig und unterstehe der elterlichen Gewalt oder der eines anderen Erwachsenen, zum Beispiel der Klinikleiterin. Wenn ich in der Schule nicht spure, werden meine Eltern zur Direktorin gebeten. Und wen wird man hier ins Büro der Leiterin zitieren, wenn man mich mit einem Mann im Bett erwischt? Wieder Antony?

Ich kann über meinen Körper noch nicht mit der gleichen Freiheit und Sorglosigkeit verfügen wie er. Was, wenn man mich aus der Klinik weist und nach Hause schickt? Der Gedanke, mich von Antony zu trennen, ist unerträglich. Trotzdem sage ich mir, er hat recht, was soll's, was kann uns schon passieren?

Was ist nur aus meiner Schamhaftigkeit, aus meiner Vorstellung von Intimität geworden? In Chartres war ich Barbara, die Anständige. Und hier, wer bin ich hier? Sein Verhalten, sein Benehmen, das mir so fremd ist, übt einen eigenartigen Reiz auf mich aus. Darin, nicht nur im Verlust meiner Unschuld, liegt die eigentliche Veränderung begründet: in dieser Anziehungskraft. Ich rede schon wie er. So füge ich bekräftigend hinzu:

»Scheißegal ist es mir.«

Intermezzo

Antony, der zerknirschte kleine Junge:

»Wir sollen zur Direktorin kommen.«

»Na, dann los . . . Oder hast du Angst, sie legt uns übers Knie?«

Zwei Lausbuben.

Die Leiterin ist eiskalt und autoritär. Sie macht allerdings nicht den Eindruck, als ob sie sehr schockiert wäre.

»Setzen Sie sich.«

Ein Befehlston wie in der Schule. Haben wir einen Fluchtversuch unternommen und werden dafür mit Einzelhaft bestraft?

»Man hat mich davon in Kenntnis gesetzt, daß Sie beide sich heute morgen in Barbaras Zimmer aufgehalten haben. Können Sie mir das erklären?«

In solchen Situationen reagiere ich immer aggressiv. Die soll uns doch nicht so blöd anmachen, denke ich.

»Was gibt's denn da zu erklären?« sage ich trocken. »Die Situation war doch eindeutig, oder?«

»Ein solches Benehmen schickt sich nicht in einem Sanatorium, das ist Ihnen offensichtlich nicht klar. Ich weise Sie darauf hin, daß ich gezwungen bin, hart durchzugreifen, falls das noch einmal vorkommen sollte.«

Antony sagt keinen Ton. Er macht noch immer ein Gesicht wie ein schuldbewußter kleiner Junge. Mit hängenden Schultern und gesenktem Blick, beinah unterwürfig, sitzt er da. Das ist das zweite Mal, daß ich ihn so kleinlaut sehe.

»Entschuldigen Sie. Es wird nicht wieder vorkommen ...«

»Das will ich hoffen.«

Okay, kein Problem. Ich habe es mir schlimmer vorgestellt. Zum Beispiel: »Ich habe Ihre Eltern informiert.« Ich bin mit meinen siebzehn Jahren minderjährig, und sie haben die Verantwortung für mich. Ich hatte mich schon darauf eingestellt, der Frau Direktorin entgegenzuschleudern: »Machen Sie doch, was Sie wollen, ist mir völlig egal!« Aber die Unterhaltung ist beendet. Madame hat ihre Autorität unter Beweis gestellt, wir sind entlassen und können uns wieder unserer Liebelei widmen.

Draußen im Korridor lächelt Antony mir zu, aber er wirkt irgendwie merkwürdig. Für ihn in seinem Alter muß diese Situation noch unangenehmer sein als für mich. Die Sache mit dem Altersunterschied zwischen uns – er beträgt immerhin mehr als zehn Jahre – geht mir nicht aus dem Kopf.

Von jetzt an sind wir sehr viel vorsichtiger. Wenn wir uns tagsüber an der Hand halten oder küssen, dann nie vor anderen Leuten.

Am Abend nach der Unterredung mit der Klinikleiterin bin ich ein bißchen zurückhaltend. Ich habe Zeit gehabt nachzudenken. Nicht vor der Leiterin fürchte ich mich, sondern vor der Reaktion meiner Eltern. Entweder sie hat sie bereits benachrichtigt, oder sie wird es noch tun. Und dabei habe ich ihnen gestern noch am Telefon versichert, es sei alles in bester Ordnung, mir ginge es gut. Mir geht es tatsächlich besser. Wie könnte es auch anders sein. Aber ich kann mir das Gesicht meiner Mutter vorstellen, wenn sie erfährt, daß ihre Tochter mit einem Achtundzwanzigjährigen schläft. Und mein Vater erst ... Ich kenne ihn, Antonys Alter spielt eine wichtige, eine entscheidende Rolle sogar. Das ist etwas anderes als ein kleiner Flirt auf einer Geburtstagsparty.

»Hör mal, Antony, ich schlafe heute nacht nicht bei dir. Wir sollten die Sache nicht auf die leichte Schulter nehmen.«

Ich ziehe mich in die Einsamkeit meines Zimmers zurück. Mit meinem Fernseher allein zu bleiben, fällt mir nicht schwer. Ich verbringe zwar gern die Nacht mit Antony, aber mit ihm zu schlafen, ist nach wie vor eine schmerzliche Angelegenheit. Ich wünschte, ich hätte jemanden, mit dem ich darüber sprechen könnte. Ich weiß nicht, ob das normal ist, dieses viele Blut. Ich weiß auch nicht, warum ich überhaupt nichts dabei empfinde. Ich lasse es über mich ergehen. Nicht gerade romantisch. Am liebsten ist es mir, er nimmt mich in seine Arme, und wir schlafen aneinandergeschmiegt ein.

Außerdem muß ich nachdenken. Mir die Reaktion meiner Eltern ausmalen, die Diskussionen, den Ärger meiner Mutter, das Verständnis — oder das Schweigen — meines Vaters. Ich werde wie üblich meinen Willen durchsetzen; sie werden mich nicht daran hindern, mit Antony zusammenzubleiben. Das einzige, wovor ich wirklich Angst habe, ist, sie könnten mich aus der Klinik werfen. Nach Hause zurück, in meine alte Umgebung, das schaffe ich noch nicht. Ich will hierbleiben, bei Antony. Ich will nicht, daß man uns auseinanderreißt.

Am nächsten Morgen bin ich keinen Schritt weiter. Es ist alles beim alten. Frustration. Der lästige Zwang, Regeln zu befolgen, die mir nicht passen. Der brennende Wunsch nach Freiheit und Unabhängigkeit. Ich möchte auch künftig an der Seite des Mannes, den ich liebe, galoppieren können. Wie lächerlich das alles ist. In einem Jahr bin ich volljährig. Aber ein Jahr ist lang.

Er hat nie gesagt: »Ich liebe dich.« Ich auch nicht.

Wir machen da weiter, wo wir aufgehört haben.

Drei Nächte später. Dieses Mal ist die Lage ernst. Die Pflegerin hat der Direktorin Bericht erstattet.

»Ich habe Sie gewarnt. Ich kann dieses Verhalten nicht dulden.«

Das Gericht verkündet das Urteil. Antonys Strafe fällt härter aus als meine.

»Antony, Sie werden die Klinik verlassen. Und was Sie betrifft, Barbara, so sehe ich mich gezwungen, Ihre Eltern zu informieren.«

»Tun Sie, was Sie nicht lassen können.«

Jetzt, wo sie ihn hinauswerfen, ist es mir wirklich egal.

»Machen Sie doch, was Sie wollen! Was glauben Sie, was mich das juckt, ob ich nach Chartres zurückfahre oder hierbleibe!«

»Sie müssen mich verstehen, Barbara. Ich habe Sie oft genug gewarnt.«

Schweigen. Ein böser Blick. Ein Blick passiver Auflehnung.

Sie mustert mich. Ich habe abgenommen. Und sehe schlecht aus. Die Frau wird dafür bezahlt, daß ich esse und zunehme. Ich bin erst kurze Zeit hier, und sie hat bereits versagt. Sie weiß, daß ich Grund habe, mich bei meinen Eltern zu beschweren. Den Arzt zum Beispiel habe ich zweimal gesehen, insgesamt für fünf Minuten. Montag morgens macht er, das Krankenblatt in der Hand, Visite. Das sieht ungefähr so aus: »Nun, wie geht's uns denn heute, Barbara? Alles in Ordnung? Das freut mich, machen Sie weiter so. Also dann bis nächste Woche, auf Wiedersehen.« Zum Schluß mißt die Schwester noch den Blutdruck, und das war's. Ist der Patient nicht in seinem Zimmer, hat er Pech gehabt, nachlaufen tut ihm keiner.

Ich habe etwas gegen sie in der Hand. Das wissen sie auch, sie sind ja nicht dumm. Ich könnte zu meinen Eltern gehen und sagen: »Mich jetzt rauszuwerfen, paßt denen gut in den Kram, kein Mensch hat sich um mich gekümmert, ich habe ab- statt zugenommen ...« Der Aufenthalt kostet ziemlich viel Geld, und für ein von der Krankenkasse anerkanntes Sanatorium sind die Leistungen eher mangelhaft.

Ich esse gar nichts mehr, und niemandem scheint es aufzufallen. Wenn ich eine Mahlzeit auslasse, kommt keiner und ermahnt mich: »Das ist aber nicht gut, was Sie da machen« usw.

Dabei haben sie meinem Vater versichert: »Unsere Patienten stehen unter ständiger Aufsicht, wir achten streng darauf, daß sie ihre Mahlzeiten regelmäßig einnehmen. Machen Sie sich also keine Sorgen um Ihre Tochter.«

Von wegen! Das alles weiß auch die Frau Direktorin, und deshalb hat sie jetzt Muffensausen. Von der Tatsache, daß unter ihren Augen eine Minderjährige verführt wurde, wollen wir gar nicht erst reden!

Sie wendet sich an Antony. »Obwohl Sie gerade eine Entziehungskur gemacht haben, nehmen Sie weiterhin Rauschgift, wie ich erfahren habe.«

Er wird ganz rot im Gesicht. »Das ist nicht wahr!« empört er sich. »Ich habe mir keinen einzigen Schuß mehr gesetzt! Wer hat Ihnen diese Lüge erzählt?«

»Ich habe meine Quellen. Mir wurde berichtet, Sie hängen noch immer an der Nadel.«

»Das stimmt nicht! Hier, ich kann Ihnen meine Arme zeigen, sehen Sie selbst!«

»Es gibt noch andere Stellen.«

Gekränkt streift er sich sein T-Shirt über den Kopf. »Untersuchen Sie mich! Los, machen Sie schon. Sie werden nicht einen einzigen frischen Einstich finden.«

Er würde sich nackt ausziehen, wenn es sein müßte. Es ist schummrig im Zimmer. Die Klinikleiterin betrachtet ihn prüfend. Ich auch. Ich habe Angst, ich könnte etwas entdekken. Aber da ist nichts.

Die beiden starren sich an. Ich bin vergessen. Antony hat zwar große Töne gespuckt, aber er wirkt irgendwie gehetzt. Diese Drogengeschichte muß ihm ganz schön an die Nieren gehen.

»Schön, ich glaube Ihnen. Reden wir nicht mehr davon. Nun, da Sie das Sanatorium verlassen werden, denke ich, ich werde noch einmal ein Auge zudrücken, was Sie betrifft, Barbara. Sie können bleiben. Ich werde Ihre Eltern nicht verständigen.«

Was für ein jämmerlicher Feigling sie doch ist! Das vermeintlich brave, wohlerzogene kleine Mädchen, das von Mama und Papa hierhergeschickt wurde, darf bleiben, während der schäbige, wehrlose Ex-Junkie gehen muß.

Antony muß das Sanatorium noch am Nachmittag des selben Tages verlassen. Das ist ganz schön hart.

Als es Zeit ist fürs Mittagessen, bleiben wir in seinem Zimmer. Ich helfe ihm beim Kofferpacken.

Wir reden kaum ein Wort.

Ich weiß nicht, was in ihm vorgeht, aber ich könnte mir denken, daß er sauer auf mich ist.

Wo soll er hin? Zu seinem Vater kann er nicht. Und alles nur meinetwegen.

»Antony?«

Ich hätte mich fast entschuldigt, beiße mir dann aber auf die Zunge und schweige.

Er will telefonieren. Ich gehe mit ihm in die Halle hinunter. Stolz, hocherhobenen Hauptes. Das Gesicht wahren, nur darauf kommt es an. Sie werden sich sowieso das Maul zerreißen, wenn ich heute abend allein im Speisesaal auftauche, wo wir doch seit einer Woche unzertrennlich waren. Als Sittenrichter werden sie sich aufspielen. Jetzt gefällt ihnen Antony bestimmt nicht mehr. Die Sache hat sich bereits herumgesprochen. Jetzt werden sie in ihm das sehen, was er ist: ein Heimatloser in Jeans, ein orientierungsloser Ex-Junkie.

Was wissen die schon von ihm. Nichts. Nichts von seiner Vergangenheit, nichts von seinen poetischen Versen. Nichts von den Dingen, die er liebt. Nichts von mir, nichts von uns.

Er hat einen Kumpel in Aix erreicht, der bereit ist, ihn bei sich aufzunehmen. Eine Freundin holt ihn mit dem Auto ab.

»Schöne Scheiße, ich bin total pleite.«

2 Uhr nachmittags. Die Junisonne fällt durch das Blattwerk der Linden rechts und links der Spazierwege. Auf dem Parkplatz, dort wo mein Vater mich abgesetzt hat.

Ich habe mich hübsch gemacht für den Abschied. Habe mir die Wimpern getuscht, die Lippen nachgezogen und mich in Rot und Schwarz gekleidet.

Mir ist wirr im Kopf. Ich will mir diese Abschiedsszene ganz fest ins Gedächtnis einprägen.

> Die Gedanken schweifen; man spürt auf den Lippen einen Kuß,
> Flatternd wie ein kleines Tierchen zittern . . .

Ein Kuß.

»Mach dir keine Sorgen, ich ruf' dich an, und wir besprechen, wo und wann wir uns treffen können.«

Übers Wochenende dürfen wir nämlich die Klinik verlassen und nach Hause oder zu Freunden fahren. Ich bin entschlossen, das ganze Wochenende mit ihm in Aix zu verbringen.

Ich habe ihm noch immer nicht gesagt, daß ich ihn liebe. Er mir auch nicht.

Das war am Dienstag.

Am Mittwoch habe ich mich unter den Linden im Park und vor meinem unanständig vollen Teller gelangweilt.

Am Donnerstag vormittag teilt mir eine Schwester mit, der Arzt wolle mich sehen.

»Kommen Sie morgen um elf in sein Sprechzimmer. Er möchte sich mit Ihnen über die Ereignisse der vergangenen Tage unterhalten.«

Geht das schon wieder los! Vielleicht haben sie es sich anders überlegt und wollen meine Eltern doch noch benachrichtigen. Das ist mir so egal, total egal. Ich habe nämlich einen Text in dem Krokodilheft gelesen:

Es wäre bestimmt schön mit uns beiden, ich weiß, es wäre schön.
Lügen werde ich dir erzählen, schreckliche Lügen.
Ich will dir von der Welt erzählen, die wir uns erschaffen werden,
Weder Unternehmen noch Expedition,
Einladung oder Erfindung.
Es wäre bestimmt schön mit uns beiden.
Die mit Warten vertane Zeit ist verloren für das Vergnügen,
Sie köpft die Engel, die du zerstörst;
Die Engel kämpfen, die Engel weinen;
Die Engel tanzen, die Engel sterben,
Es ist deine Schönheit, die sie so erschreckt hat.

Es waren einige Rechtschreibfehler drin. Ich fand sie rührend.

Ich liebe einen Jungen, der aufregend schöne Dinge denkt und sie fehlerhaft niederschreibt.

Ich liebe einen Jungen, der sich schlecht benimmt.

Ich liebe einen ehemaligen Drogenabhängigen.

Ich habe ihm gesagt, was ich von Rauschgift halte und was für eine Heidenangst ich davor habe.

»Warum hast du angefangen, das Zeug zu nehmen?«

»Warum landet eine Frau auf dem Strich? Ihr Spießer

stellt immer die gleichen Fragen, auf die es keine Antwort gibt. Was willst du hören?«

Er wußte selbst nicht genau, wie es so weit gekommen war. Mit einem Joint, den er als Dreizehnjähriger geraucht hat, fing alles an. Er war mit Freunden unterwegs, alle vier, fünf Jahre älter als er, und alle rauchten. Er rauchte zu der Zeit selbst schon Zigaretten. Und eines Tages, bei einem Rockkonzert, wollte er es auch probieren. Sie drehten ihm einen Joint, er rauchte ihn. Zuerst spürte er gar keine Wirkung. Das Zeug sei doch Scheiße, sagte er zu ihnen, man merke ja gar nichts, darauf könne er verzichten. Am nächsten Morgen hatte er höllische Kopfschmerzen, alles drehte sich. Das waren die Nachwirkungen des Haschs. Ihm war richtig übel. Und weil er das Gefühl so toll fand, rauchte er wieder einen Joint. Von Haschisch stieg er auf Kokain um und dann auf Heroin. Mit achtzehn setzte er sich seinen ersten Schuß. Und war jahrelang high.

Aber jetzt läßt er die Finger davon. Jetzt mache ich ihn high.

Die Engel tanzen, die Engel sterben,
Es ist deine Schönheit, die sie so erschreckt hat.

Ich habe die Nacht allein mit den Engeln verbracht.

Freitag morgen ruft Antony an. Ich sage:

»Der Arzt will mich sehen. Er möchte sich mit mir über uns unterhalten, ich weiß auch nicht, warum.«

Er scheint verlegen, sein Ton ist gar nicht mehr cool.

»Ich ruf' heute abend noch mal an, dann erzählst du mir, was er wollte.«

»Okay.«

Am Freitag um 11 Uhr habe ich die Wahrheit erfahren.

Unglaublich naiv

Der Arzt, ein kleiner alter Mann mit recht sympathischen Zügen, sitzt hinter seinem Schreibtisch, die Hände auf der Tischplatte. Die Situation ist ihm unangenehm.

»Das war nicht richtig, was Sie da getan haben. Ich meine, Sie sind schließlich erst siebzehn . . .«

Ich warte geduldig ab. Ich bin an Moralpredigten gewöhnt. Ich esse zuwenig, liebe zuviel, betrage mich schlecht in der Schule und zu Hause . . . Was ist los, leide ich an Verfolgungswahn, oder haben wirklich alle was gegen mich?

»Ich nehme an, Sie haben mit ihm gesprochen. Er war drogenabhängig.«

»Ich weiß, er hat es mir gesagt.« Ich sehe ihm in die Augen und bringe ihn in Verlegenheit.

»Ah ja? Das ist gut. Da ist noch etwas. Hat er Ihnen auch gesagt, daß er krank ist?«

»Nein, davon hat er mir nichts gesagt.«

Er läuft rot an. Hüstelt verlegen, fährt befangen fort: »Nun, äh . . . Normalerweise dürfte ich Ihnen das nicht mitteilen . . . Ich bin an die ärztliche Schweigepflicht gebunden, Sie verstehen . . .«

Er erklärt mir seine Schweigepflicht in allen Einzelheiten. Worauf will er hinaus? Hat das mit dieser Pilzgeschichte zu tun, von der Sophie mir erzählt hat? Sind neue Gerüchte in Umlauf?

Seine Erklärung zieht sich endlos in die Länge.

»Und deshalb dürfte ich es Ihnen eigentlich nicht sagen, aber in diesem besonderen Fall habe ich keine andere Wahl, schließlich tragen wir die Verantwortung für Sie. Sie müssen wissen, daß er seit zwei Jahren HIV-positiv ist.«

Ich sitze da wie versteinert. Der Satz hat mich mit voller Wucht getroffen. HIV-positiv ... Das Wort füllt mein Gehirn aus, springt hinunter in meine Eingeweide, wo es abprallt und wieder nach oben steigt. Lähmende Stille. Es ist so still, daß ich meinen Atem ebenso höre wie die Mine seines Kugelschreibers, mit dem er Männchen auf ein Blatt Papier malt, und das Knistern seines Kittels, wenn er die Rückenlehne berührt. Es ist so still wie in einer Kirche.

HIV-positiv. Aber das hätte er mir doch gesagt! Ich kann mir nicht vorstellen, daß ein mit einer Krankheit Infizierter dem anderen das verschweigt und bewußt das Risiko eingeht, ihn anzustecken. Hat er das wirklich in Kauf genommen: mich anzustecken?

Er weiß seit zwei Jahren, daß er positiv ist.

Ich zittere am ganzen Leib. Der Drang zu weinen, der Drang zu lachen überkommt mich. Mein Körper zeigt Reaktion. Ich reibe mit den feuchten Handflächen unablässig auf meinen Knien und herum.

HIV-positiv. Heißt das Aids?

Aber wenn er Aids hätte, dann müßte man ihm das doch ansehen, oder? Er ist zwar ein bißchen blaß, wirkt ein wenig erschöpft, aber ich weiß ja nicht, wie er vorher ausgesehen hat, er hat mir nie ein Foto von sich von früher gezeigt. Ich weiß nichts über ihn. Nichts. Ich habe einen metallischen Geschmack im Mund, so als hätte ich Rost gegessen.

»Barbara, haben Sie Kondome benutzt?«

»Die ersten beiden Male nicht, danach ja.«

Ich sage die Unwahrheit, lüge aus Scham. Ich habe Angst. Entsetzliche Angst. Noch immer will ich ihn in Schutz nehmen. Und gleichzeitig mich selber schützen.

Kondome? Ich habe nie im Leben welche gesehen.

Im Sexualkundeunterricht hat man uns nichts darüber

gesagt. Wir sind anhand von Beispielen aus der Tierwelt aufgeklärt worden. Über Kondome und wie man sie benutzt, erfuhren wir nicht das geringste. Die Mädchen in meiner Klasse, die angeblich schon intime Beziehungen gehabt hatten, redeten auch nie darüber.

»Da er die Klinik inzwischen verlassen hat, sind Sie in Sicherheit. Aber Sie dürfen ihn nicht wiedersehen.«

»Mal sehen«, höre ich mich antworten.

Ich habe bestimmt ganz rote Augen, mir ist heiß und kalt zugleich, ich presse die Zähne so fest zusammen, daß mir die Kiefer weh tun.

»Ich bestehe darauf, Barbara: Sie dürfen sich nicht mehr mit ihm treffen. Zu Ihrem eigenen Schutz.«

»Ich habe ihm versprochen, daß wir uns am Wochenende sehen.«

»Wie Sie wollen. Aber ich habe Sie gewarnt . . .«

»Ich werde trotzdem zu ihm fahren. Ich will mit ihm reden. Nicht am Telefon. Ich will ihm ins Gesicht sehen, ich will sehen, wie er reagiert.«

»Ich kann Sie gut verstehen. Aber ich rate Ihnen, bereiten Sie der Sache ein Ende, solange noch Zeit ist.«

Mir ist schwindlig. Das Zimmer dreht sich um mich.

»Wenn Sie wollen, werden wir Ihnen eine Blutprobe für einen Test entnehmen.«

»Ja, okay.«

Ich kann nicht mehr. Ich muß raus hier, sonst klappe ich zusammen.

Draußen wartet Sophie auf mich. »Und? Alles in Ordnung?«

Ich erbreche die Antwort in einem Schwall. »Nein. Du hast recht gehabt. Er ist positiv.«

»Dieser Dreckskerl! So ein mieses Schwein! Triff dich bloß nicht mehr mit diesem Arsch. Aber ich hab's dir ja gleich gesagt, alle haben es gewußt . . .«

»Laß mich in Ruhe, okay?«

Ich bin völlig fertig. Vor Scham, vor Angst, vor Schmerz. Am schlimmsten ist die Angst. Aids?

Ein Aidskranker war für mich jemand, der abgemagert ist bis zum Skelett und Flecken im Gesicht oder am Körper hat. Diese Bilder haben sie im Fernsehen gezeigt. Aber ich weiß ja nicht einmal genau, was HIV-positiv bedeutet. Vor nicht allzulanger Zeit gab es eine Aufklärungskampagne mit Plakaten überall, auf denen ein Mann oder eine Frau abgebildet war, und dazu der Text: »Werde ich auch dann noch dein Freund sein, wenn ich HIV-positiv bin?« Oder: »Kann ich auch in Zukunft in der Kantine essen?«

Als ich die Plakate zum erstenmal sah, fand ich sie ganz gut. Ich fragte mich, was HIV-positiv eigentlich bedeutete. Aber ich habe mich nie getraut, die Frage laut zu stellen. Schließlich glaubte ich, das sei eine andere Bezeichnung für einen Aidskranken. HIV-positiv und Aids waren im großen und ganzen dasselbe für mich. Ich wußte so gut wie nichts darüber, außer daß man an dieser Krankheit stirbt und daß sie durch Geschlechtsverkehr übertragen wird. Überwiegend jedenfalls. Ich hatte gehört, daß sie bei Blutern und Homosexuellen aufgetreten war, aber bei Drogenabhängigen? Nein, da hatten bei mir die Alarmglocken nicht geschrillt.

Ich habe mich infiziert, soviel steht fest. Jetzt gehöre ich auch dazu.

Aber was mir am meisten weh tut, ist sein Schweigen.

Ich muß an unsere erste Nacht denken, an die Frage, die mich so schockiert hat: »Bist du positiv?«

Und ich, ich habe ihm vertraut, ich habe zu ihm gesagt: »Nein, ich bin noch Jungfrau.« Wenn ich daran denke, was ich ihm über mich erzählt habe, und das hat ihn völlig kaltgelassen, er hat sein dreckiges Spiel ungerührt weitergespielt.

Mir tut alles weh. Ich habe das Gefühl, mein Herz explodiert gleich vor lauter Wut, so weh tut es mir. Sophie und die andern haben recht: Er ist ein ganz mieser Scheißkerl! Ich bin gespannt, was er mir zu sagen hat. Ich will wissen, warum er mich belogen, warum er mir das verschwiegen hat. An Trennung denke ich nicht einmal. Ich will nur eine Erklärung. Trennung ist nicht die Frage. Noch nicht. Ich will nur wissen, warum.

Daheim in Chartres werfe ich in so einer Stimmung alles an die Wand. Hier gibt es nichts, was ich kaputtmachen könnte. Nichts, was wirklich mir gehört und den Wunsch hervorruft, es kaputtzumachen. Hier habe ich nur meine Erinnerungen. Ich in seinen Armen, er auf meinem Körper. Seine derben Worte, sein Verlangen und das viele Blut.

Ich kann kein Blut sehen. Blut und Aids, Aids und Blut . . . Ich habe mich angesteckt, ich fühle es.

Musik so laut, daß mir fast das Trommelfell platzt. Den Blick an die Decke geheftet, um die Bilder zu verdrängen. Warum ich? Warum er? Ich liebe ihn doch! Ich hasse ihn!

Merkwürdig, ich habe nicht die geringste Hoffnung. Ich könnte mir sagen: Beruhige dich doch, vielleicht hast du dich ja gar nicht infiziert. In deinem Alter, das ist doch ausgeschlossen! Nicht beim erstenmal. Nicht auf diese Weise.

Aber ich schaffe es nicht. Ich weiß, daß ich mich angesteckt habe.

Das Telefon. Sein Klingeln ist unerträglich. Es geht mir durch und durch.

»Und, was hat der Arzt gesagt?«

»Daß du ein Fixer warst. Er hat über dich, und über uns beide gesprochen.«

Von Aids sage ich nichts. Ich warte. Er müßte doch die Frage stellen, verdammte Scheiße, warum sagt er denn nichts?

Er hat gemerkt, daß ich ihm etwas verheimliche, ich höre

es an seiner Stimme. Ich klinge auch anders als sonst, verkrampft, bedrückt. Es tut so furchtbar weh. Ihm geht es ebenfalls nicht gut, das höre ich.

»Tja, also, ich bin hier bei einem Kumpel untergekommen . . .«

Rede nur, du Lügner. Rede und erzähl mir von harmlosen Dingen, erzähl deine banalen Geschichten, die niemanden töten. Ich warte darauf, daß du mir ins Gesicht siehst. Was ist? Traust du dich nicht? Wovor hast du Angst? Ich werde nicht anfangen zu heulen. Ich will wissen, wie ein Typ wie du mit einem Mädchen wie mir, einem naiven, einfältigen, unberührten Mädchen, schlafen kann, ohne ihm zu sagen: »Ich liebe dich, aber ich trage den Tod in mir.«

»Kommst du morgen?«

»Ja.«

»Okay, ich hole dich an der Haltestelle ab.«

»Ja. Bis dann.«

Ich schalte den Fernseher ein. Ich starre auf den Bildschirm, ohne auch nur das geringste wahrzunehmen. Ich nehme keine Schlaftablette; ich müßte die Schwester darum bitten, und ich habe keine Lust, irgend jemanden um irgend etwas zu bitten.

Ich habe niemanden, mit dem ich reden könnte. Zu Sophie mag ich auch nicht. Sie würde es bestimmt weitererzählen. Oder auch nicht. Mir egal.

Ich habe nichts gegessen. Macht nichts. Ich richte alles für morgen her.

Ein eigenartiges Gefühl befällt mich. Körperlich und geistig. Ich existiere nicht mehr. Ich bin ein scheinbar lebendes Wesen, das sorgfältig eine Reisetasche packt. Das sich dann auf dem Bett ausstreckt und auf einen im Dunkeln flimmernden Bildschirm starrt. Das nicht schläft, weil ein nicht existentes Wesen nicht schlafen kann. Und auch nicht denken. Ich bin Aids.

Wenn ich an diese Stunden zurückdenke, wundere ich mich selbst über meine unbegreifliche Dummheit. Das Verblüffendste, das Verrückteste ist, daß ich ihn überhaupt noch einmal wiedersehen wollte. Und warum? Weil er mich belogen hatte. Das war für mich schlimmer als alles andere. Ich empfand das als Verrat. So als hätte er mich mit einer anderen Frau betrogen.

Den grausamsten Schmerz bereitete mir die Erkenntnis: »Er liebt mich nicht, sonst hätte er mir das nicht angetan.« Dieser absolute Mangel an Liebe war unerträglich, unvorstellbar. Das war es, was mich so grenzenlos wütend machte, mich aufs tiefste demütigte.

Durch die Konfrontation mit dem Grauen eigensinnig, wollte ich mir beweisen, daß ich unrecht hatte. Daß doch Liebe im Spiel war.

Daß unsere Geschichte eine Liebesgeschichte war.

Das Wochenende in Aix

Mit dem Bus sind es zwanzig Minuten. Antony hat jeden Tag angerufen, entweder von einer Telefonzelle oder von der Wohnung eines Bekannten aus. Ich glaube, er ist in mich verliebt. Jedenfalls habe ich den Eindruck, er will mich nicht im Stich lassen.

Er wartet am Bahnhof. Wir sagen hallo, plaudern ein wenig.

»Du siehst toll aus. Die Shorts stehen dir gut. Super.«

»Ich war noch nie in Aix. Eine schöne Stadt. Führst du mich ein bißchen herum?«

Wir machen einen Stadtbummel und unterhalten uns über dies und jenes. Mindestens zehnmal kommt von beiden Seiten die Frage: »Und sonst? Alles in Ordnung? Alles in Ordnung . . .«

Nach ungefähr einer halben Stunde nimmt er meine Hand. »Jetzt sind wir bis in den Tod miteinander verbunden.«

Ich schaue ihn an. »So?«

Was meint er damit? Soll das eine Liebeserklärung sein?

Er sieht glücklich aus, er ist offensichtlich froh, mich zu sehen.

Nach unserem von schweigsamen Pausen in Straßencafés unterbrochenen Rundgang gehen wir gegen 17 Uhr zu ihm. In Paris findet heute das Endspiel der Damen im Stadion Roland-Garros statt: Monica Seles gegen Gabriela Sabatini.

Der Typ, dem die Wohnung gehört, ist nicht da. Ich kenne

ihn nicht. Er kommt anscheinend erst abends nach Hause. Freundliche, saubere Zimmer. Ich könnte glückliche Ferientage hier verbringen. Statt dessen komme ich mir verloren vor, wie in einer Bahnhofshalle. Es ist, als stünde ich neben mir. Ich fühle mich elend, unbeholfen, der Gewalttätigkeit beraubt, in die ich mich normalerweise flüchte. Das hat nichts mehr mit Kindheitsproblemen zu tun, das hier ist grauenvoll, absolut lähmend. Ich wünschte, er würde den Mund aufmachen. Bekennen. Meine Angst teilen. Oder aber protestieren, sagen, daß es eine Lüge ist, und wütend werden.

Wir setzen uns auf ein kleines Sofa vor den Fernseher. Es ist schummrig hier drinnen und heiß. Die Fensterläden sind geschlossen, die Fenster offen. Wir sehen uns das Tennismatch an, rauchen, trinken Kaffee.

»Alles okay?«

»Ja. Weitgehend.«

»Was ist los mit dir? Du bist so nachdenklich.«

»Nicht mehr als sonst.«

»Nun komm schon. Du hast doch irgendwas. Hast du mir nichts zu sagen?«

»Ich dir? Ich glaube, eher umgekehrt.«

»Was willst du denn hören?«

»Kannst du dir das nicht denken?«

»Hat es mit deinem Besuch beim Arzt gestern in der Klinik zu tun? Was hat er dir erzählt?«

»Er hat mit mir über uns gesprochen, insbesondere über dich, über deine Vergangenheit, deine Rauschgiftsucht und so weiter.«

»Das hab' ich dir doch alles schon erzählt. Das ist ja nichts Neues.«

»Nein, das war mir nicht neu.«

»Aber? Was dann?«

»Weiß nicht, das müßtest du doch besser wissen als ich, schließlich ist es dein Leben, nicht meins.«

»Was soll das? Wovon redest du? Hat er dir gesagt, ich sei krank?«

»Wie kommst du darauf? Bist du es?«

»Jaaa . . .«

»Was hast du denn? Willst du es mir nicht sagen? Na los, ich warte.«

»Er hat dir gesagt, daß ich HIV-positiv bin.«

Er hat es ausgesprochen. Fast hätte ich vor Erleichterung gelächelt.

Wir sitzen nebeneinander auf dem Sofa. Ich sehe ihn an. Er blickt zum Fernseher hinüber. Mit ihm hat er geredet. Nicht mit mir.

Ich explodiere. »Das sagst du einfach so? Als ob's gar nichts wäre? Willst du mich verarschen oder was?«

Keine Antwort.

»Bist du ein solches Arschloch? Ein solcher Scheißkerl?«

Ich würde am liebsten losheulen. Ich verstehe ihn nicht, ich habe mir mehr erwartet, habe gehofft, er würde mir alles erklären.

»Warum hast du mir denn nichts gesagt? Ich bin doch auch ehrlich zu dir gewesen, von Anfang an.«

»Wenn ich dir gesagt hätte, ich bin HIV-positiv, hättest du Angst bekommen und nichts mehr von mir wissen wollen.«

»Ich hätte vielleicht nicht mit dir geschlafen, jedenfalls nicht gleich, sondern erst später. Und du hättest Kondome benutzen können. Vielleicht wäre es sogar schöner gewesen, unser erstes Mal.«

Schweigen.

»Du hättest es mir sagen müssen, dann wäre vielleicht alles gut geworden.«

»Was sagen?«

»Was wohl! Daß du krank bist natürlich!«

»Tut mir leid . . .«

Es tut ihm leid. Kein »Entschuldige, ich hatte nicht den

Mut dazu« oder »Verzeih mir, ich bin ein Schuft«, nein, einfach nur »Tut mir leid«. Es ist nun mal passiert, also Schwamm drüber. Nerv mich nicht, ich kann's auch nicht ändern, vergessen wir das Ganze.

»Das ist doch keine Antwort: ›Tut mir leid‹! Du hättest mit mir reden, mich warnen müssen, du hättest . . .«

»Das weiß ich alles selber!«

Gereizter Ton. Mehr ist nicht aus ihm herauszukriegen. Dabei weiß er nichts, überhaupt nichts.

Ich rede. Führe einen Monolog. Immer die gleichen Worte, die gleichen Fragen, ich drehe mich im Kreis, eingeschlossen von seinem hartnäckigen Schweigen.

Vielleicht sollte ich brüllen, heulen, alles kaputtschlagen. Aber ich zwinge mich, ruhig zu bleiben. Ich will mich nicht vor andern Menschen gehenlassen, wenn ich leide.

Er weicht dem Kernpunkt aus. Der Kernpunkt ist doch seine Verantwortungslosigkeit. Der Kernpunkt ist, daß ich noch Jungfrau war und er das gewußt hat. Der Kernpunkt, das bin ich. Er wußte es, ich nicht.

Ich habe ihn als Arschloch, Scheißkerl, Niete beschimpft. Was kann ich jetzt noch sagen oder tun?

Daß ich hier, bei ihm, bin, zeigt doch, daß ich ihm nicht wirklich die Schuld gebe. Eine andere hätte anders reagiert, das weiß ich. Sie wäre zu ihren Eltern gerannt oder hätte getobt oder sich ganz zurückgezogen und in tödliches Schweigen gehüllt. Zwischen Antony und mir gibt es keine Geheimnisse mehr. Er weiß, daß ich es weiß. Ich weiß, daß er es wußte. Diese dumme Gleichung bringt uns auf jämmerliche Weise einander näher.

Er hat es ausgesprochen. Das war es, was ich wollte.

Er nimmt mich in die Arme, küßt mich. Da ist es um meine Fassung geschehen; ich breche in Tränen aus.

»Bist du mir böse?«

»Ja.«

»Willst du trotzdem mit mir zusammenbleiben?«

»Ja. Ich bin sowieso positiv, was soll's. Und selbst wenn nicht: Ich will so sein wie du, und wenn's schiefgeht, habe ich eben Pech gehabt.«

Positiv wie er. Sein Doppelgänger. Bis in den Tod mit ihm verbunden.

Wir haben nie über die Zukunft gesprochen. Wozu auch. Wir werden zusammenleben, eine andere Möglichkeit gibt es nicht.

Warum empfinde ich keinen Haß? Wie kann ich ihn weiterhin lieben? Wie ist das möglich?

Zu jenem Zeitpunkt habe ich mit meinem Leben gespielt. Positiv oder nicht? In meinem tiefsten Innern wünschte ich mir, es nicht zu sein. Ich hoffte noch, es nicht zu sein. Vielleicht war ich es damals tatsächlich noch nicht, keine Ahnung. Jedenfalls schliefen wir in jener Nacht wieder ohne Kondom miteinander. Erst am nächsten Tag kauften wir welche.

Benutzt haben wir sie nie. Wozu auch? Ich zweifelte nicht daran, daß ich mich angesteckt hatte.

»Jetzt sind wir bis in den Tod miteinander verbunden.«

Mir wurde erst viel später in jener Nacht die Bedeutung dieses Satzes klar und wieso er meine Hand ergriff, als er ihn sagte. Ich hatte ihn zunächst als Liebeserklärung verstanden: Ich hab' dich sehr gern, ich möchte mit dir zusammenbleiben und ein Stück Weg mit dir gemeinsam gehen.

In Wahrheit war dieser Satz nicht dem Leben gewidmet, sondern dem Tod.

Er traf mich mitten ins Herz.

Und dort steckt er noch heute.

Der Tod und ich

Zwischen dem Tod und mir finden schon seit einiger Zeit Zweikämpfe statt. Ich bemühe mich zwar, ihn nicht zu provozieren, aber ich spiele oft mit meinem Leben. Ich schreibe einen Abschiedsbrief, schlucke Tabletten, und dann ist er da, ganz nah. Manchmal braucht es gar keinen besonderen Anlaß, es passiert einfach so, wie an jenem Samstag in dem Frühjahr, als ich sechzehn war. An dem Tag hat es eigentlich angefangen. Seitdem tanze ich mit dem Tod. Und ich habe Antony kennengelernt. Jener Samstag liegt über ein Jahr zurück. Eine Ewigkeit. Damals war ich eine verzogene, besitzergreifende Göre, die nichts lieber tat, als anderen weh zu tun, um sich selbst weh zu tun. Und sich von der Liste des alltäglichen kleinen Glücks zu streichen. In einem Winkel meines Gehirns schleppte ich unbefriedigte Rachegelüste gegen meine Mutter mit mir herum.

Vielleicht sollte ich eine Analyse versuchen?

Ich räume mein Zimmer auf, mache das Bett. Es ist ungefähr 10 Uhr. Draußen ist es schön, die Fenster stehen weit offen. Ich habe schulfrei. Das Café ist verkauft, meine Mutter hat eine Stelle als Buchhalterin gefunden. Sie kommt gegen Mittag nach Hause und fängt an zu kochen. Ich helfe ihr nie in der Küche. Meine Schwester schon. Ich koche nicht gern. Ich bleibe in meinem Zimmer und sehe fern oder lese. Ich warte, bis mein Vater oder meine Mutter mich zum Essen ruft. Ich sage übrigens lieber fressen als essen.

»Muß das sein?« seufze ich, als es klopft. »Ist es schon wieder Zeit zum Fressen?«

Ich schalte den Fernseher aus. Die anderen sitzen bereits am Tisch, als ich in die Küche komme. Ich bin meistens die letzte. Ich setze mich neben meinen Bruder. Am Tischende sitzt meine Mutter, daneben mein Vater, mir gegenüber meine Schwester. Das Fleisch brutzelt in der Pfanne.

»Was gibt's denn heute?«

»Schweinekotelett und Erbsen.«

»Schon wieder? Das hängt mir langsam zum Hals raus! Kannst du nicht mal was anderes machen?«

»Du brauchst nur zu sagen, was du haben willst, dann koch' ich dir was anderes, der Kühlschrank ist voll.«

Geduldig macht sie mir diesen Vorschlag jedesmal. Ich maule. Nach einigem Hin und Her sagt sie nichts mehr, sie setzt sich hin und ißt, und ich kann sehen, wie ich zurechtkomme. So sind die Spielregeln.

An jenem Samstag sagt sie zu mir, ich soll selbst im Kühlschrank nachsehen, ob ich was anderes finde.

»Keine Lust. Sag mir halt, was da ist.«

»Du kannst Schinken haben oder ein Steak oder panierten Fisch.«

»Schinken! Das ist ja auch vom Schwein. Ach, laß, ich werde mir das da reinekeln.«

Auch diese Antwort ist Teil des Spiels.

Alle nehmen daran teil, mit säuerlicher Miene. Meine Schwester sieht mich an, als wollte sie sagen: »Immer das gleiche Theater, die kann einen echt nerven, hoffentlich gibt sie bald Ruhe.« Meinen Bruder scheint das Ganze nicht weiter zu stören, er ist daran gewöhnt. Mein Vater sagt nichts, aber ich spüre seine Mißbilligung.

Und ich spüre, daß ich ihnen gewaltig auf die Nerven gehe. Also mache ich weiter. Ich will es auf die Spitze treiben. Es geht darum, wer zuerst die Beherrschung verliert.

Das Fleisch ist fertig. Ich halte meinen Teller nicht hin, meine Mutter nimmt ihn und füllt mir etwas auf. Ich stochere mit der Gabel in den Erbsen herum. Ich spiele mit meinem Essen, aber ich rühre es nicht an. Dann schneide ich ein Stück Fleisch ab, schiebe es in den Mund und nörgele: »Das ist ja versalzen« oder »Schmeckt ja ekelhaft« oder »Das ist mir zu zäh, das ess' ich nicht« oder »Das ist mir zu fett«. Niemand antwortet mir. Alle reden von etwas anderem. Zu guter Letzt lehne ich mich zurück.

»Das ist ja bloß Fett und überhaupt kein Fleisch. Zum Kotzen. Das ess' ich nicht.«

Meine Mutter schweigt, mein Vater ebenfalls. Sie schauen sich an, sind sichtlich genervt. Das geht nun schon seit Monaten so, Tag für Tag der gleiche Zirkus, sie haben alle die Schnauze voll von mir.

Sie beachten mich nicht, in der Hoffnung, Ruhe ins Spiel zu bringen, und reden über die Arbeit oder den Garten. Je gelassener sie aber sind, desto lauter meckere ich. Dennoch bleibt mein Vater ruhig. Und nicht meine Mutter explodiert als erste, sondern ich. Ich könnte ja aufstehen und mich beleidigt in mein Zimmer zurückziehen, aber nein, ich bleibe sitzen. Ich stochere weiter im Essen herum, zerschneide mein Kotelett. Lautlos. Mein Bruder und mein Vater machen schon genug Krach dabei. Wenn ich auf den Teller meines Bruders schaue, wird mir schlecht: Er schüttet Ketchup über die Erbsen, Ketchup über das Fleisch; er hat mehr Ketchup als sonstwas auf dem Teller. Ekelhaft. Mein Vater ißt hastig. Er hat immer Hunger. Ob es den anderen schmeckt oder nicht, kümmert ihn wenig; er hat einen vollen Teller vor sich, und der wird leer gegessen. Ich freue mich, daß ich ihm nicht den Appetit verdorben habe; schön, daß es ihm schmeckt. Meine Mutter läßt sich Zeit. Sie wirft gelegentlich einen prüfenden Blick auf unsere Teller. Meiner ist noch immer genauso voll wie vorher. Es geht ihr nicht gut, das spüre ich. Ich schneide mein Kotelett in noch kleinere Stücke, schiebe den Knochen auf die eine Seite, das Fleisch auf die andere, die Erbsen daneben. Ich esse keinen Bissen. Statt das Kotelett liegenzulassen, damit jemand anders es essen kann, zersäbele ich es.

Lauernd beobachte ich die anderen, besonders meine Mutter. Ich warte darauf, daß sie die Nerven verliert, irgend etwas tut. Schließlich ist sie diejenige, die sich abplagt: Sie arbeitet den ganzen Tag, kommt über Mittag nach Hause und kocht für uns, bedient uns, räumt den Tisch ab und fährt wieder zur Arbeit. Sie opfert ihre Zeit, damit wir etwas zu essen bekommen. Das gehört zu ihren Pflichten als Mutter. Für sie bedeuten die Mahlzeiten nur Streß, keine Erholung.

Ich warte. Sie sagt keinen Ton. Ich habe meine Freude daran, sie verärgert und hilflos zu sehen. Ich bin eine Sadistin. Das Spiel wird fortgesetzt. Wir gehen in die Verlängerung.

Sie nimmt meinen Teller und schiebt die Reste mit der Gabel herunter. Die Erbsen bekommt der Hund, das Fleisch stellt sie in den Kühlschrank. Irgend jemand wird es schon essen. Sie wirft nicht gern etwas weg. Vielleicht hofft sie, ich bekomme am Abend Appetit darauf. Sie sagt kein Wort. Aber an ihren übereilten, fahrigen Bewegungen erkenne ich, daß sie es satt hat und den Teller so schnell wie möglich abstellen möchte.

Käse nehme ich natürlich keinen. Ob ich einen Joghurt will, werde ich gefragt.

»Was ist denn noch da? Sind noch Danettes da? Nein, natürlich nicht! Schon komisch, immer wenn ich einen Danette will, ist keiner mehr da, obwohl ihr genau wißt, wie gern ich den mag.«

Die Art Bemerkung bringe ich besonders gern. Niemand macht auch nur einen Mucks. Meine Schwester sieht mich an und seufzt. Ich weiß, was sie denkt: So ein Quatsch! Als ob wir ihr absichtlich immer alles wegessen würden! Ihr

Seufzer drückt aus, was alle denken. Nur mein kleiner Bruder sieht die Sache gelassen, er lacht sogar und mampft zufrieden seinen Joghurt. Meine Eltern und meine Schwester dagegen, vor allem mein Schwesterherz, würden mir am liebsten eine kleben.

Ich warte nur darauf. Als ich kleiner war, bekam ich gelegentlich eine Ohrfeige. Jetzt bin ich zu alt dafür, aber ich warte trotzdem darauf. Es würde mir bestimmt guttun. Ich warte, obwohl ich weiß, sie wird nicht kommen. Und so mache ich weiter. Kein Früchtejoghurt, kein Danette mehr da. Joghurt natur mag ich nicht. Einen Karamelpudding vielleicht? Meinetwegen. Alle atmen auf. Sie hat endlich was gefunden! Ich öffne den Becher, stecke den Löffel hinein und rühre gründlich um. Dann, als wäre es mir jetzt erst aufgefallen, sage ich:

»Iiih! Da ist ja Karamel drin! Ich mag doch keinen Karamel.«

Ich habe nach einem Grund zu meckern gesucht, ich habe ihn gefunden. Ich könnte lachen, so blöd ist das. Ich esse diese Puddings wegen des Karamels nämlich nie. Oder höchstens die oberste Schicht, weil sich der Karamel immer ganz unten sammelt. Dieses Mal habe ich alles zu einem widerlichen Brei verrührt. Zuerst ganz unbewußt, weil ich wirklich Appetit auf den Pudding hatte; ich war ganz schön hungrig. Aber ihn in Gegenwart der anderen, in Gegenwart meiner Mutter essen? Kommt nicht in Frage. Da platzt ihr der Kragen.

»Willst du uns auf den Arm nehmen? Daß in einem Karamelpudding Karamel ist, solltest du allmählich wissen. Du ißt ihn doch sonst auch nicht. Was soll das Theater? Ich hab's satt, Barbara, wirklich! Wenn du wüßtest, wie du uns auf die Nerven gehst!«

Ich lächle und lasse sie reden. Quatsch du nur, du blöde Kuh, denke ich, was glaubst du, was mich das juckt!

Die Lage spitzt sich zu. Mein Bruder und meine Schwester stehen auf, um nicht mit hineingezogen zu werden. Mein Vater rührt sich nicht. Er hört sich das eine Weile an und sagt dann:

»Du überspannst den Bogen wirklich, Barbara . . .«

Er sagt nicht »Du gehst uns mächtig auf die Nerven«, sondern »Du überspannst den Bogen«.

»Warum redest du nicht mit uns«, fährt er fort, »und erklärst uns, was wir falsch machen?«

Für ihn hat alles seinen Grund.

»Ihr versteht mich nicht, ich hab' die Schnauze voll, ich halte das nicht mehr aus hier! Warum hackt ihr dauernd auf mir rum? Wenn ich nicht zum Essen komme, zieht ihr eine Flappe. Wenn ich euch den Gefallen tue und mich an den Tisch setze, werde ich angeschnauzt, weil ich meinen Pudding nicht esse oder mein Kotelett liegenlasse!«

Meine Mutter kann sich nur mühsam beherrschen. »Kein Mensch zwingt dich, mit uns am Tisch sitzen zu bleiben. Kein Mensch zwingt dich, Pudding zu essen. Wir haben dich gefragt, ob du einen Becher willst, du hast ja gesagt, also hast du einen bekommen. Das ist doch normal, oder?«

»Schon, aber du weißt genau, daß ich das Zeug nicht mag. Immer kochst du Sachen, die ich nicht mag.«

»Ich habe dir x andere Sachen vorgeschlagen, aber du findest an allem was auszusetzen. Sieh zu, wo du etwas zu essen herbekommst. Geh von mir aus ins Restaurant, wenn dir das lieber ist, aber verschone uns in Zukunft mit deinen Scheißlaunen, kapiert?«

Jetzt wird es kritisch. Obwohl es bereits zu spät ist, sage ich mir: Stop, hör auf, Barbara!

Ich stehe abrupt, ohne ein weiteres Wort, auf, stürme aus der Küche und knalle die Tür hinter mir zu. Draußen im Flur reiße ich im Vorbeigehen zwei große Zimmerpflanzen herunter und versetze den Töpfen einen Tritt, daß sie bis ans andere Ende des Gangs rollen. Die dritte erreiche ich leider nicht.

Ich gehe weiter, als wäre nichts geschehen.

Meine Mutter stürzt in den verwüsteten Flur, mein Vater macht ein erschrockenes Gesicht, meine Geschwister starren mich verständnislos an.

Ich könnte platzen vor Wut. Meine Mutter hat gewonnen. Nach ihrem »Verschone uns in Zukunft mit deinen Scheißlaunen, kapiert?« komme ich mir vor wie ein Erstkläßler.

Türen knallend verschwinde ich in meinem Zimmer.

Ich stelle die Musik auf höchste Lautstärke, und dann raste ich total aus. Ich fege die Vasen und kleinen Porzellanfiguren aus den Regalen. Sie gehören alle mir, und ich hänge daran. Trotzdem schlage ich sie kaputt. Ich schleudere meine Teddybären quer durchs Zimmer, laufe hin und her, mit geballten Fäusten und Tränen in den Augen.

»Ich hab's satt, ich hab's so verdammt satt! Wie die mich alle ankotzen, diese Ärsche! Hoffentlich komm' ich bald hier raus, ich halte das nicht mehr aus! Die haben doch keine Ahnung, nichts verstehen die, gar nichts! Warum lassen sie mich nicht in Ruhe? Womit hab' ich das verdient? Ich kann nicht mehr, ich will einfach nicht mehr. Das ist doch kein Leben, das ist die Hölle hier . . .«

Die Tür wird aufgerissen. Meine Mutter kommt herein, den Becher Pudding in der Hand.

»So, und den wirst du jetzt essen! Hast du gehört? Ich sag' es nicht noch einmal!«

»Ich denk' ja gar nicht dran! Friß ihn doch selber, oder wirf ihn fort, mach damit, was du willst, ich ess' ihn jedenfalls nicht!«

Sie kommt auf mich zu, mit bösem Gesicht. Das hat sie noch nie gemacht. Das ist kein Spiel mehr, das ist Ernst. Sie drängt mich in die Ecke zwischen Wand und Fernseher, will mir den vollen Löffel in den Mund schieben.

»Das wird jetzt gegessen! Los, mach den Mund auf!«

Ich versuche, ihre Hand wegzustoßen, und schreie wie am Spieß. »Ich will nicht, laß mich in Ruhe, hau endlich ab!«

Mein Vater erscheint in der Tür. »Das hat doch keinen Sinn, Margaret. Laß mich mit ihr reden.«

Aber sie ist mit den Nerven am Ende, der totale Zusammenbruch. Ich habe sie tiefer getroffen, als ich mir das in meinem Spatzenhirn je hätte vorstellen können. An jenem Tag, in jenem Augenblick habe ich sie so weit getrieben, daß sie sich völlig vergißt, nicht mehr sie selbst ist. Sie brüllt meinen Vater an:

»Hau doch ab, hättest du früher was gesagt, jetzt brauchst du das Maul auch nicht mehr aufzumachen! Ich regle das auf meine Weise!«

Mein Vater hält sich widerwillig zurück. Den verbalen Angriffen meiner Mutter ist er nicht gewachsen. Dabei wünsche ich mir so sehr, daß er eingreift, mich in Schutz nimmt.

Sie drückt mich gegen die Wand. Sie ist viel stärker als ich. In der einen Hand den Puddingbecher, will sie mir mit der anderen den Löffel in den Mund schieben. Ich drehe den Kopf zur Seite, versuche, die Lippen zusammenzupressen. Der Löffel schlägt schmerzhaft gegen den Zahnschmelz. Pudding spritzt auf meine Kleider, auf ihre, an die Vorhänge und auf den Teppichboden.

Mein Vater, im Begriff, sich abzuwenden, wirft mir einen flehenden Blick zu: Hör auf, tu um Himmels willen, was sie von dir verlangt, es reicht jetzt, ich ertrage das nicht mehr. Es ist ein richtiger Hundeblick, verzweifelt, verstört, verängstigt. In meinen Augen kann er lesen: Das ist nur deine Schuld, warum hast du dir immer alles gefallen lassen. Warum zeigst du ihr nicht ein für allemal, wer der Herr im Hause ist? Und neben der Bosheit die Verzweiflung: Tu doch etwas, hilf mir, hilf mir!

Es gelingt mir, mich loszureißen. Ich renne ins Elternschlafzimmer, sie hinterher, den Pudding in der Hand.

»Den wirst du jetzt essen! Wirst du ihn jetzt endlich essen? Dir werde ich helfen, zehn Minuten damit herumzuspielen und ihn dann stehenzulassen, jetzt spiele ich mit dir!«

Die Möbel wackeln. Schreie, Schläge, eine äußerst gewalttätige Auseinandersetzung.

»Laß mich endlich los, was willst du eigentlich von mir? Hast du sie noch alle?«

Ich beschimpfe sie als alte Schachtel, nenne sie verrückt, beknackt, bescheuert. Ich beleidige sie mit genüßlicher Bösartigkeit. »Alte Schachtel« ist mein Lieblingsschimpfwort. Das tut weh, das verletzt. »Laß mich doch in Ruhe«, »laß mich los«, und dazwischen »du blöde Kuh«, »du Schlampe« oder »du alte Schachtel«. Immer der gleiche Dialog.

Sie ihrerseits schreit:

»Oh, vielen Dank, so freundlich wie eh und je! Was habe ich dir getan, kannst du mir das sagen? Warum ich? Warum immer ich? Ich halte das nicht mehr aus!«

Ihr Gesicht ist ganz rot vor Wut, sie hat Tränen in den Augen. Dieses Mal ist sie wirklich am Ende.

An diesem Tag eskalieren unsere jahrelangen handgreiflichen und verbalen Auseinandersetzungen zum Krieg. So weit sind wir bisher noch nie gegangen.

Ich will in die Küche, sie holt mich ein, den Puddingbecher hat sie irgendwo abgestellt, sie drückt mich an die Wand und sagt plötzlich:

»Beruhige dich doch, was ist nur in dich gefahren? Was ist nur in mich gefahren? Schämst du dich nicht, so mit deiner Mutter zu reden? Ich bin immerhin deine Mutter, verdammt noch mal! Was ist denn nur los mit dir? Willst du es uns nicht sagen? Ich kann einfach nicht mehr!«

Sie hat mich an den Schultern gefaßt, ihre Fingernägel

bohren sich schmerzhaft in meine Haut. Ich versetze ihr einen viel zu kräftigen Stoß. »Laß mich los!«

Sie taumelt an die gegenüberliegende Wand und fällt hin. Sie hat sichtlich Schmerzen, aber es sind keine körperlichen Schmerzen. Daß ich sie weggestoßen habe, das tut ihr weh. Sie sieht mich verwirrt an. Voller Verzweiflung. Hat sie Angst, ich könnte sie schlagen? Ja, ich kann es in ihrem Blick lesen. Ich hätte es bestimmt getan, wenn es mir nicht gelungen wäre, mich rechtzeitig loszumachen. Deshalb habe ich sie zurückgestoßen: um zu verhindern, daß ich sie schlage.

Mein Bruder weint, meine Schwester schreit:

»Hör auf, Barbara, du bist ja verrückt geworden!«

Stille. Mein Vater kommt auf mich zu, will mir mit der Hand übers Haar streichen. Ich stoße ihn weg.

»Beruhige dich, Barbara. Es reicht jetzt, hör auf.«

Er sucht nach Worten, die weder meine Mutter noch mich verletzen. Er macht einen weiteren Schritt auf mich zu, ich weiche zurück, er bleibt stehen. Ruhig und grenzenlos traurig sagt er: »Ich bitte dich, Barbara, das reicht jetzt, laß gut sein.«

Ich breche unvermittelt in Tränen aus. Ich weine vor Wut und Verzweiflung. Ich schluchze heftig, ein richtiger Weinkrampf. Doch die Spannung löst sich nicht, im Gegenteil, ich brülle los: »Ihr habt doch keine Ahnung! Niemand liebt mich!«

Ich stürze an meinem Vater vorbei in die Küche, reiße eine Schublade auf, nehme ein Messer heraus und setze es am Handgelenk an. Es ist ein Fleischmesser mit schwarzem Griff und scharfer Klinge. Die anderen haben geahnt, was ich vorhabe. Schon steht mein Vater neben mir und umklammert die Hand, die das Messer hält. Meine Mutter packt mich von hinten an den Schultern. Meine Schwester heult, mein Bruder, dem die Tränen übers Gesicht laufen, zieht mich an den Haaren und tritt mich, um mich davon abzuhalten, mir die Pulsadern aufzuschneiden.

Da fange ich wieder an zu weinen. Mein Körper erschlafft, das Messer fällt mir aus der Hand. Mein Vater hebt es auf, legt es zurück in die Schublade, schiebt sie zu und stellt sich davor. Ich stehe da mit leeren Händen und weine.

Meine Mutter will meine Hand nehmen. Ich mache mich los, ich habe keine Kraft mehr, ich bin völlig ausgelaugt.

»Laßt mich in Ruhe, ich will allein sein.«

Ich gehe in mein Zimmer, mache Musik und lege mich aufs Bett. Der Ausbruch ist vorbei, was bleibt, ist die Verzweiflung. Ich habe einen Schluckauf, bekomme fast keine Luft mehr. Ich drücke einen meiner Teddybären an mich, putze mir die Nase und werfe die Papiertaschentücher zu den Scherben meiner Porzellanfiguren und den Puddingflecken.

Warum das alles? Was hat meine Mutter mir getan, daß ich sie so sehr hasse?

Ich höre, wie mein Bruder in seinem Zimmer mit dem Fuß aufstampft und schreit: »Ich hab' echt die Nase voll von dieser doofen Zicke! Immer das gleiche! So ein Scheißtheater!«

Ich bin sechzehn, er ist elf, und er hat die Nase voll von mir. Ich mache allen hier das Leben zur Hölle.

Was für ein Schlamassel. Ich sehe keinen Ausweg mehr. Am liebsten wäre ich tot.

Ich höre, wie der Telefonhörer abgenommen wird. Sie werden einen Arzt anrufen, damit er mir Beruhigungstabletten gibt oder einfach nur mit mir redet. Ich höre, wie Soline, meine Schwester, im Flur aufräumt.

Meine Eltern sind im Eßzimmer und beraten sich.

Ich würde gern zu ihnen gehen und um Entschuldigung bitten. Wenn ich bloß die Kraft dazu hätte. Aber jetzt, nach diesem Affenzirkus, mich reumütig vor meine weinende

Mutter hinzustellen, empfände ich als Heuchelei. Ich käme mir wie in einem Kitschfilm vor. Nein, das schaffe ich nicht. Trotzdem würde ich es gern tun.

Meine Eltern entschuldigen sich oft für dies oder jenes. Ich nie.

Zwanzig Minuten später klingelt es an der Tür. Draußen steht ein Krankenwagen. Zwei Sanitäter steigen aus. Die Nachbarn sind herbeigeeilt, tuscheln, glotzen neugierig.

Die Sanitäter reden mit meinen Eltern. Ich stelle die Musik ab und lausche. Meine Mutter bringt vor lauter Schluchzen keinen Ton heraus. Mein Vater erzählt, was passiert ist, fügt hinzu, daß ich in meinem Zimmer bin.

Sie klopfen. Ich reagiere nicht. Neuerliches Klopfen. »Barbara?«

»Was ist? Was wollen Sie?«

»Dürfen wir hereinkommen? Wir würden uns gern mit dir unterhalten.«

»Worüber?«

»Wir sind vom Rettungsdienst, deine Eltern haben uns angerufen, weil sie sich schreckliche Sorgen um dich machen, wir würden gern mit dir reden, um zu sehen, ob du in Ordnung bist.«

»Mir fehlt nicht das geringste! Ich will nicht ins Krankenhaus!«

»Das mußt du auch nicht. Wir wollen nur mit dir reden. Dürfen wir reinkommen?«

»Es ist nicht abgeschlossen. Oder warten Sie darauf, daß ich Ihnen die Tür öffne?«

Sie kommen herein, betrachten das Chaos, fragen, ob sie sich setzen dürfen.

»Von mir aus. Dort, aufs Bett.«

Ich setze mich ihnen gegenüber an meinen Schreibtisch.

»Kannst du uns schildern, was genau passiert ist?«

»Wozu? Ich nehme an, das haben Sie bereits von meinen Eltern erfahren, oder?«

»Schon, aber wir würden gern deine Version hören. Warum hast du das gemacht?«

»Ich will nicht drüber reden, hat ja doch keinen Zweck. Meine Eltern verstehen mich nicht, und Sie gehören nicht zur Familie, Sie verstehen es noch viel weniger.«

Was hätte ich sagen sollen? Daß ich mein Fleisch nicht essen wollte? Daß ich meinen Pudding nicht essen wollte und ihn zu einem Brei verrührt habe? Lächerlich. Es gibt nichts zu erzählen.

»Wir wollen dir helfen, Barbara. Würdest du uns ins Krankenhaus begleiten?«

»Ich bin nicht krank.«

»Wir wollen dich nur untersuchen, zur Sicherheit.«

»Wenn's sein muß, meinetwegen.«

Im Vorbeigehen werfe ich meinen Eltern einen bösen Blick zu, der besagt: Das ist allein eure Schuld. Ist euch nichts Besseres eingefallen, als gleich einen Rettungswagen zu rufen?

Verhaltensgestörte Jugendliche. Kategorie magersüchtig. Gefangen. Zum Psychiater beordert. Erzähl, Barbara, erzähl. Versuch dich zu erinnern . . .

Zwei Tage später habe ich einen Termin beim Psychiater.

»Ihre Mutter hat mir das da gegeben. Möchten Sie sie zurückhaben, oder soll ich sie wegwerfen, und wir reden nicht mehr davon?«

Ein schmales Bündel, vier oder fünf Briefe. Abschiedsbriefe, die ich geschrieben habe, als ich mir das Leben nehmen wollte. So eine Art Testament, das ich in meinen Sachen versteckt hatte. Meine Mutter hat in meinem Zimmer herumgeschnüffelt, die Briefe entdeckt und sie diesem Typen gegeben! Ich fühle mich nackt vor ihm, und ich hasse dieses Gefühl.

»Geben Sie sie mir sofort zurück. Ich entscheide, ob ich sie wegwerfe oder nicht. Meine Mutter hat kein Recht, ihre Nase in meine Sachen zu stecken.«

Er hat sie mir zurückgegeben. Ich habe sie später fortgeworfen. Einen habe ich zum Andenken behalten. Es waren kindische Briefe: »Ich habe es satt, Ihr kotzt mich alle an, ich mach' Schluß. Ich will nicht mehr mit Euch leben, Ihr versteht mich ja doch nicht. Niemand versteht mich.«

Für mich waren sie wichtig, weil ich meine ganze Wut hineinlegen konnte. Ich hatte nicht den Mut, den Worten die Tat folgen zu lassen. Das Schreiben war so eine Art Ventil für mich.

Wenn es mir wieder ein bißchen besserging, las ich manchmal, was ich geschrieben hatte, und dachte dann: Ich muß ja nicht ganz dicht gewesen sein. Ein Glück, daß jetzt wieder alles soweit in Ordnung ist.

Das hat aber nie lange angehalten, manchmal ein paar Wochen, manchmal auch nur zwei. Dann fing alles von vorn an, ich schrieb wieder einen Brief, der noch eine Spur bitterer ausfiel. Aber bis zum Letzten ging ich nicht, ich wollte eigentlich nicht sterben. Es war eher ein Hilferuf. Aber niemand hörte ihn.

Da beschloß ich, es zu tun. Als Neuling kannte ich mich nicht aus, wußte nichts über die richtige Dosis. Am besten, ich nahm das ganze Röhrchen auf einmal. Aber wenn man mich zu früh fände, wäre alles umsonst gewesen. Also würde ich sie abends, vor dem Einschlafen, nehmen.

Eine Spirale. Ich hasse meine Mutter, weil sie sich nie um mich gekümmert hat. Ich hasse meinen Vater, weil er es mit meiner Mutter aushält. Ich hasse mich, weil ich so bin, wie ich bin: sechzehn Jahre alt, mit Pickeln im Gesicht und einem Leben, das nicht die geringste Ähnlichkeit mit meinen hochfliegenden Träumen hat. Ich sehne mich nach Liebe. Liebe von überall her, für mich ganz allein. Mich hungert nach Liebe, nicht nach Nahrung. Das einzige Wesen, das ich in die Arme schließen kann, ist mein Teddy – der mit den kahlen Stellen im Fell –, und ich zupfe an seinem Fell herum, knete ihn mit den Händen.

Leere im Kopf. Flimmern vor den Augen. Ich stehe kurz davor, es zu tun.

Ich krame in meinen Medikamenten herum, hole sie heraus, schaue sie an. Soll ich? Soll ich nicht?

Mir ist schon ganz schwindlig vom ständigen Hin und Her. Und dann kommt der Augenblick, wo ich es wirklich tue.

Ich schließe die Tür ab und lege eine Platte auf, irgendeine. Ein paarmal schalte ich den Fernseher ein, stelle den Ton ab und zappe eine Weile von Sender zu Sender. Dann setze ich mich aufs Bett, stelle die Medikamententasche neben mich, hole die Tabletten heraus, lese die Beipackzettel. Immer wieder greife ich zu dem grünen runden Döschen mit den Beruhigungspillen. Ich halte es ganz fest in der Hand, und dann geht es von vorn los: Soll ich? Soll ich nicht?

Ich warte. Die Wasserflasche steht in Reichweite, ich nehme einen Schluck. Noch einen. Und noch einen. Ich habe etwas Süßes herumliegen und stopfe es mir zusätzlich in den Mund, damit sie besser runterrutschen.

Ich schließe die Fensterläden und ziehe die Vorhänge zu. Warum behandeln sie mich so? denke ich. Warum wollen sie mich nicht verstehen? Warum habe ich das gesagt und jenes getan? Ich bin nichts wert, niemand liebt mich.

Musik auf voller Lautstärke. Weinend schlafe ich ein. Ich bin vorübergehend tot. Magenspülung. Neubeginn. Eine Spirale.

Zu guter Letzt hat man mich vor die Wahl gestellt: entweder Unterbringung in einer psychiatrischen Klinik oder Sanatorium unter südlicher Sonne.

Spazierwege unter Linden. Man ist nicht vernünftig, wenn man siebzehn ist. Liebe auf den ersten Blick. Antony.

Warum er, warum ich? Was ist an ihm, daß er mich so verzaubert?

Antony trägt den Tod in sich. Ich lebe mit ihm und mit dem Tod.

Es ist so eine Art Wette, die ich da abgeschlossen habe. Wer wird gewinnen? Du, Tod? Oder ich?

Noch habe ich die Hoffnung nicht aufgegeben. Ich will das Leben packen. Zeigen, daß ich existiere, egal, wie.

Ich empfinde so etwas wie Verachtung mir selbst gegenüber. Durch meine Liebe zu Antony will ich versuchen, auch mich zu lieben.

Ich kann nicht mehr zurück. Ich habe keine andere Wahl, als ihn weiterhin zu lieben. Denn ihn zu hassen, dazu bin ich nicht fähig.

Außerdem braucht er jemanden, und ich habe das Gefühl, ich bin dieser Jemand. Ich komme mir fast unersetzlich vor. Ich habe kein Recht, ihn im Stich zu lassen. Nicht jetzt. Er ist so unglücklich.

Für mich ist er nicht lange ein Scheißkerl gewesen. Einen Tag, um genau zu sein.

Ich schlafe weiter mit ihm, jedes Wochenende. Ich habe eine Liebesbeziehung mit dem Tod. Denn er, das weiß ich, er liebt mich.

Faszination

Ich schreibe einen Brief an Farida, meine beste Freundin seit Kindertagen.

Ihre Mutter ist Französin, ihr Vater Marokkaner. Sie ist groß und übergewichtig, hat schwarze Haare, schwarze Augen und nimmt das Leben furchtbar schwer. Ihre Eltern ließen sich scheiden, als sie vierzehn war. Ihr Vater wollte sie nach Marokko mitnehmen und sie dort verheiraten. Ihre Mutter kämpfte, damit sie hierbleiben durfte. Er wollte Geld von ihr; wenn sie es ihm nicht gab, verprügelte er sie und seine Tochter auch.

Die anderen Kinder in der Schule waren gemein zu ihr, riefen ihr »fette Kuh« oder »Fettmops« nach. Sie litt schrecklich darunter. Und ich auch. Ich mag sie unheimlich gern. Sie ist für mich so etwas wie eine kleine Schwester. Sie hat mich immer verstanden, egal, was war, egal, was ich angestellt hatte.

Sie hätte gern einen Freund, wir haben uns oft darüber unterhalten. Aber sie ist zu schüchtern, die Jungs beachten sie kaum. Auch sie träumt von der großen Liebe.

Ich kann ihr unmöglich schreiben, daß mein Antony drogensüchtig war und HIV-positiv ist. Wenn es jemanden gibt, den ich nicht enttäuschen möchte, dann sie. Ich erzähle ihr also eine nette Geschichte, beschreibe einen Antony ohne Fehl und Tadel, füge hinzu, daß ich sehr verliebt in ihn bin und mich jedes Wochenende in Aix, wo er Arbeit gefunden hat, mit ihm treffe. Das mit dem Job ist das einzige in diesem Brief, das ich nicht erfunden habe. Antony arbeitet jetzt als Landschaftsmaler.

Manchmal treffen wir uns auch Mittwoch nachmittags, wenn er frei hat. Wir gehen spazieren, und anschließend bringt er mich zur Bushaltestelle. Ich winke ihm zum Abschied zu, fahre zurück und komme am Samstag wieder. Kehre zurück in dasselbe Bett und bemühe mich hartnäkkig, diesen Liebhaber kennenzulernen, der nichts von sich erzählt. Nichts, absolut nichts, während ich über alles mit ihm rede: über den Konflikt mit meinen Eltern, die gescheiterten Selbstmordversuche, das Gymnasium, die kaputte Jugend. Eines Morgens sage ich unvermittelt:

»Ich hab's satt, dauernd nur von mir zu reden. Jetzt bist du an der Reihe.«

»Oh, da gibt's nicht viel zu erzählen. Ich hab' nur Mist gebaut.«

Er steht auf, kramt von irgendwo ein Papier hervor und hält es mir vor die Nase. »Da, lies selber.«

Ich lese: Zwei Jahre Haft wegen bewaffneten Raubüberfalls und Zuhälterei in einem besonders schweren Fall.

Mich trifft fast der Schlag. »Warum zeigst du mir das?«

»Damit du siehst, daß ich dir vertraue. Wir teilen alles. Es gibt keine Geheimnisse zwischen uns. Nur ganz wenige Leute wissen davon: du, meine Eltern und zwei oder drei Freunde. Ich wollte, daß du es auch weißt.«

Bewaffneter Raubüberfall?

»Ja, ich weiß, das war Scheiße.«

Da er drogensüchtig war, wundert mich das nicht einmal; früher oder später beschaffen sie sich alle auf diese Weise das Geld für den Stoff. Aber Zuhälterei in einem besonders schweren Fall?

»Das stimmt nicht! Ich bin kein Zuhälter. Ich habe damals mit einer Prostituierten zusammengelebt, einer Freundin von mir, weil ich keine Kohle hatte. Eines Abends hatten wir Zoff, ich gab ihr eins aufs Maul, und sie rannte zu den Bullen und behauptete, ich wäre ihr Macker und hätte sie verprügelt, weil sie nicht mit der Kohle rausrückte. Daraufhin kamen sie und durchsuchten die Wohnung, und dabei haben sie die Knarre gefunden. Sie nahmen mich fest, und ich wanderte wegen bewaffneten Raubüberfalls und Zuhälterei in einem besonders schweren Fall in den Knast.«

Eine einfache Erklärung. Für ihn jedenfalls. Ob wahr oder nicht, ich weiß es nicht, ich versuche gar nicht erst, es herauszufinden. Ich habe ein bißchen Angst vor der Wahrheit.

Wir telefonieren jeden Tag miteinander. Ich halte keine der Regeln im Sanatorium ein, nehme kaum noch eine Mahlzeit zu mir. Manchmal komme ich erst am Montagabend oder sogar am Dienstagmorgen zurück. Niemand macht mir Vorhaltungen. Ich habe abgenommen, ich lebe mein Leben, sie haben mich aufgegeben. Niemand hat mich je wieder auf Antony angesprochen.

Wir lieben uns seit einem Monat.

Eines Samstags an der Bushaltestelle:

»Ich will nach Marseille, Shit kaufen. Kommst du mit? Dann siehst du mal was anderes.«

Ich entdecke ein mir unbekanntes Milieu. Zum erstenmal in meinem Leben sehe ich einen Dealer.

Der Ort der Begegnung ist eine düstere, dreckige, stinkende Sackgasse nicht weit vom Stadtzentrum, zwischen trostlosen Plattenbauten, auf deren Balkonen Wäsche trocknet. In der Ferne hört man das Rauschen des Verkehrs. Mir ist ein bißchen mulmig.

»Du wartest hier auf mich.«

»Ich will nicht allein hierbleiben.«

»Okay, dann komm mit, aber du sagst kein Wort, verstanden?«

Eine breite Steintreppe; ein Typ kommt herunter. Ein finsterer Typ, braungebrannt, mit unsympathischer Visage. Er geht auf Antony zu, mustert mich kurz, sagt etwas auf arabisch. Anscheinend will er wissen, wer ich bin. Antony antwortet auf französisch:

»Schon gut, sie gehört zu mir.«

Der Dealer hat vier oder fünf kleine Stangen Hasch hervorgeholt. Fasziniert und erschrocken zugleich betrachte ich sie, so unauffällig wie möglich, damit man mir meine Unerfahrenheit nicht anmerkt. Sonst würde der Typ vielleicht mißtrauisch.

Ich habe diese kleinen schwarzen Tafeln aus gepreßtem Haschisch schon im Fernsehen gesehen, aber noch nie in natura. Sie sind relativ dünn und scheinen ziemlich hart. Man hält ein Feuerzeug darunter, um die Masse zu erhitzen. Ein stechender Geruch breitet sich aus. Sobald das Zeug warm genug ist, läßt es sich leicht brechen.

Antony zerkrümelt ein Stück, vermischt es mit Tabak und dreht eine Zigarette. Im Sanatorium habe ich ihm ein paarmal dabei zugesehen.

Betont lässig zünde ich mir eine Zigarette an. Antony wiegt die Stangen in der Hand und entscheidet sich dann für die schwerste. Er riecht daran, verbrennt probeweise ein Bröckchen und drückt dem Dealer 50 Francs in die Hand.

Das Zeug stinkt bestialisch. Im Sanatorium hat er es zwar immer auf dem Balkon oder draußen im Park geraucht, aber trotzdem wußten alle davon. Und niemand hat ihn je darauf angesprochen.

Diese unbekannte neue Welt hat mich in ihren Bann geschlagen. Ich möchte alles über sie erfahren und gleichzeitig einen gewissen Abstand aufrecht erhalten, mir einen Rest von Scharfsichtigkeit, eine letzte Zuflucht bewahren. Nicht Antony, sondern meine Familie ist diese Zuflucht für mich. Ich bin neugierig auf seine Welt, aber leben will ich nicht darin.

Ich wünschte, ich könnte ihn aus diesem Alptraum befreien. Ich wünschte wirklich, er würde sich ändern. Ich würde ihm gern mein Leben zeigen, ihn einmal nach Chartres mitnehmen.

Ich habe Angst davor, daß er eines Tages nach Marseille zurückkehrt. Er sagt oft:

»Ich will nichts mehr mit meinen Kumpels von damals zu tun haben. Die hängen alle noch an der Nadel. Wenn ich sie wiedersehe, fange ich auch wieder an.«

Soviel Einsicht hat er. Aber er kommt nicht dagegen an, früher oder später wird er wieder hinfahren, um sich Shit zu besorgen. Er hat mich nie gebeten, ihn davon abzuhalten. Und ich wüßte nicht, wie ich ihm helfen könnte.

Er will keine Hilfe. Er glaubt, er schafft es allein. Er führt oft Selbstgespräche, in denen seine Ängste zum Ausdruck kommen.

»Ich habe es geschafft, davon loszukommen, und ich werde nicht wieder anfangen. Gelegentlich ein Joint, was ist das schon, gar nichts, mit einem Joint setzt man sich keinen Schuß.«

Ich glaube ihm. Das wichtigste ist, daß er die Finger von den harten Drogen läßt und nicht wieder anfängt zu fixen.

Ich habe mein erstes »Straßenabenteuer« erlebt. An die Gefahren denke ich nicht, dazu bin ich gar nicht mehr fähig. Ich lebe für den Augenblick. Und blättere in dem Krokodilheft:

Befreie mich, Liebste, befreie mich.
Du machst mich wirklich.
Du gibst mir einen Grund, verliebt zu sein.
Du zeigst mir den Weg aus verirrten Leiden.
Befreie mich, Liebste, befreie mich.
Du allein kannst mich wirklich machen.

An diesem Abend . . . sucht ihr die Cafés, ihr helles Licht,
Und ihr bestellt euch Bier und Limonade zu trinken . . .
Man ist nicht vernünftig, wenn man siebzehn ist
Und der Weg gesäumt ist von grünen Linden.

Bierdunst

Ende Juni. Mein Aufenthalt im Sanatorium ist zu Ende. Meine Eltern sind gekommen, um mich abzuholen. Ich habe meine Mutter herumgeführt und dann mit ihnen zu Mittag gegessen. Sofern man das »essen« nennen kann. Jede Woche haben sie sich nach meinem Gewicht erkundigt, schließlich haben sie dafür bezahlt, daß ich zunehme. Als ich hierher kam, wog ich 57 Kilogramm, heute bringe ich noch 50,5 kg auf die Waage. Wir hätten bei der Krankenkasse eine vierwöchige Verlängerung der Kur beantragen müssen. Ich sah nicht ein, wozu das gut sein sollte, außer daß ich meine Wochenenden weiterhin mit Antony hätte verbringen können.

Ich verlasse die lindengesäumten Wege in allgemeinem Schweigen. Die Klinikleiterin hat es nicht für nötig befunden, mit meinen Eltern unter vier Augen zu sprechen. Sie glauben, es ginge mir besser, weil wir uns nicht streiten und ich nicht so oft eine Flappe ziehe. Ich habe sogar ein bißchen Farbe bekommen.

Ich führe ein Leben, von dem sie nicht die geringste Ahnung haben. Nicht einmal das Schlimmste wissen sie.

Es dauert eine Weile, bis die Ergebnisse eines Aids-Tests vorliegen, aber das habe ich erst später erfahren. Ich weiß nichts über mögliche Vorsichtsmaßnahmen. Den Arzt zu fragen, habe ich mich ebensowenig getraut, wie in die Stadtbücherei von Aix zu gehen und mich dort nach Informationsmaterial umzusehen.

Ich zweifle nicht eine Sekunde an dem Todesurteil gegen mich. Die erste Liebesnacht war so mies, so abartig. Ich habe so fürchterlich geblutet. Und Ansteckung, soviel immerhin weiß ich, hat viel mit Blut zu tun. Wäre ich nicht noch Jungfrau gewesen, wäre vieles anders gelaufen. Ich wäre vor allen Dingen nicht so leichtgläubig gewesen.

Aber ich bin minderjährig, die Klinik hatte die Verantwortung für mich. Der Arzt war nicht unbedingt verpflichtet, mich über Antonys Zustand aufzuklären, aber er hätte mit ihm sprechen, ihm sagen müssen: »Du bist positiv, die Kleine nicht, also sei vorsichtig. Benutze Kondome, oder laß die Finger von ihr. Handle verantwortungsbewußt.«

Doch sie unternahmen nichts. Sie haben mein Todesurteil mit unterzeichnet.

Meinen Eltern sage ich nichts. Ich kann einfach nicht.

Hochmut, Angst, das Gefühl der Demütigung, in meinem Kopf vermischt sich alles.

Ich kehre in mein Zimmer zu meinen Plüschtieren zurück, zum frech grinsenden kleinen Bruder, zum schweigenden Vater, zur lauernden Mutter.

»Ein junger Mann hat angerufen und wollte dich sprechen. Er ruft in einer Stunde noch mal an. Seinem Akzent nach ist er Südfranzose. Hast du ihn dort unten kennengelernt?«

»Ja, das ist ein Freund von mir.«

Sie ahnt etwas, fragt aber nicht weiter, und ich sage auch nichts. Alle sind der Meinung, ich wirke ausgeglichener, glücklicher. Mit siebzehneinhalb darf man einen Freund haben. Kein Grund, ein Drama daraus zu machen.

Ich würde gern darüber sprechen, aber es ist noch zu früh. Sie würden unweigerlich die klassischen Fragen stellen: »Was macht er denn beruflich? Wie alt ist er?« Ich könnte ihnen unmöglich die Wahrheit sagen.

Im Juli habe ich einen Ferienjob, Büroarbeiten in einer Firma. Mein Vater hat ihn mir vermittelt. Antony ruft praktisch täglich an. »Du arbeitest? Super, dann hast du wenigstens Knete in der Tasche!«

Bei ihm dreht sich alles um »Knete« oder »Kohle«. Ausdrücke, die ich von ihm übernommen habe.

Im August lädt er mich ein, ihn zu besuchen. Da er bereits seit zwei Monaten arbeitet, kann er sich jetzt eine eigene Wohnung leisten. Er hat sich eine in Marseille gesucht. Ausgerechnet.

»Mein Bekannter hat mich für ein paar Tage zu sich eingeladen. Darf ich?«

Meine Mutter erlaubt es. Obwohl sie nichts Näheres über den »Bekannten« weiß.

Sie bringt mich zum Bahnhof, Gare de Lyon. Ich steige in den TGV nach Marseille, wo Antony mich vom Bahnhof abholen wird.

Marseille. Für zwei Wochen.

Meine Schwester ist mit einer Freundin fortgefahren, mein Vater und mein Bruder sind wie gewöhnlich zum Zelten in der Ardèche. Meine Mutter muß arbeiten.

Sie hat mich durchschaut. Sie weiß, daß ich verliebt bin, aber sie stellt keine Fragen. Unser Verhältnis ist so gespannt wie eh und je. Nur stiller. Die Fähigkeit zur Kommunikation fehlt nach wie vor. Das Vertrauen auch.

Ich fahre an einem Samstagmorgen. Sie wünscht mir schöne Ferien und sagt, ich solle gleich anrufen, wenn ich angekommen bin.

Ich habe ein bißchen was über die Krankheit gelesen, aber darüber zu reden traue ich mich nicht. Eine Illustrierte hat eine Sonderbeilage über Aids herausgebracht. Ich wollte erst anrufen und fragen, an wen ich mich wegen eines kostenlosen und anonymen Tests wenden könnte.

Aber dann hatte ich doch nicht den Mut dazu. Ich notierte mir die Telefonnummer auf einem selbstklebenden Zettel, den ich über meinem Schreibtisch an die Wand klebte. Nach einer Weile warf ich ihn fort. Ich habe nie angerufen. Ich habe Angst vor der Wahrheit, Angst, meine Eltern könnten Verdacht schöpfen, wenn ich eine Blutuntersuchung machen lasse.

Ob sie es irgendwann erfahren werden?

Von wem?

Fünf Stunden Fahrt. Ich bin gereizt, nervös, ungeduldig. Ob ich Antony noch immer gefalle? Ob ich mich verändert habe? Ich habe ein bißchen zugenommen, zwei oder drei Kilo. Seit ich wieder zu Hause bin, esse ich ganz normal. Während ich im Sanatorium praktisch nichts zu mir genommen habe. Komisch.

Er wartet auf dem Bahnsteig und entdeckt mich sofort. Ich dagegen hätte ihn fast nicht wiedererkannt. Er hat sich die Haare schneiden lassen und mir nichts davon gesagt.

»Wie siehst du denn aus? Das ist ja grausam! Du hättest mich wenigstens vorwarnen können.«

»Ich hab' dir doch am Telefon gesagt, du sollst dich auf einige Veränderungen gefaßt machen.«

Ich dachte dabei mehr an die Wohnung. Er drückt sich nie klar aus. Entweder er spricht in Rätseln oder überhaupt nicht. Das ist wie so eine Art Code, den man erst lernen muß.

Diese Veränderung gefällt mir jedenfalls nicht. Ich mochte seine langen Haare so. Ich habe oft damit gespielt, und er sagte dann immer: »Seit dem Tod meiner Mutter bist du die erste Frau, die das macht.«

Die nächste Veränderung:

»Ich arbeite jetzt übrigens in Marseille.«

Diese Stadt macht mir angst. Kneipen, Obdachlose und

Asoziale, finstere Straßen, in denen Gefahren lauern. Das Gefühl, daß ich Antony mit diesen Straßen teilen muß.

Es ist schrecklich heiß. Ich kann es kaum erwarten, bis wir da sind. In seiner Wohnung, nur wir beide.

An dem Abend findet ein Fußballspiel statt. Das darf ein Marseiller natürlich nicht verpassen.

Eine große, aber spärlich möblierte Wohnung: ein geräumiges Wohnzimmer mit Balkon, Schlafzimmer, Bad, WC, Küche und ein ziemlich großer Flur.

»Tagsüber bin ich nicht da. Du kannst an den Strand gehen, wenn du willst, ich zeig' dir, welchen Bus du nehmen mußt.«

Und was soll ich den ganzen Tag ohne ihn anfangen?

Das Fußballspiel wird im Radio übertragen. Danach hören wir Musik und reden über dies und jenes, über seine Arbeit, über meinen Ferienjob.

Er ist sehr müde. Er hat ein paar Bier getrunken und raucht wie üblich zuviele Joints.

Wir gehen früh ins Bett und schlafen ein, ohne uns geliebt zu haben.

Ein Paar. Ein seltsames Paar. Ich schlafe schlecht. Die Nacht will kein Ende nehmen.

Als er aufwacht, nimmt er mich in die Arme.

Ich bin glücklich. Ich habe so lange darauf gewartet. Obwohl es für mich immer noch eine Qual ist, habe ich es vermißt. Ich weiß auch nicht, warum. Eine Art Illusion. Vielleicht, weil ich mich in diesen Augenblicken als Frau fühle.

Und nachdem er von Vorsichtsmaßnahmen gesprochen hat, habe ich auch nicht mehr soviel Angst. Da die Ansteckung, wie er mir erklärt, nur durch Sperma erfolgen könne, werde er sich vor dem Samenerguß zurückziehen. Ich erfahre später, daß das falsch ist. Er glaubt nicht, daß ich mich bereits infiziert haben könnte. Seiner Meinung nach besteht für mich nicht die geringste Gefahr. Dabei hat sie vom ersten Tag an bestanden. Aber das will er einfach nicht wahrhaben. Das ist seine Art, damit umzugehen.

Ich möchte es so gern glauben. Ein kleines bißchen. Sehr sogar. Verzweifelt. Wenn ich nun wirklich noch einmal davongekommen wäre? Und mir nur etwas vorgemacht hätte? Was weiß ich denn schon über Aids? So gut wie nichts. Er hat bestimmt recht.

Oder sagt er es nur, um mich zu beruhigen? Um mich nicht zu verlieren?

Die wenigen Bücher, die ich gelesen habe, befaßten sich hauptsächlich mit dem Endstadium der Krankheit. Mit dem Ausbruch und dem Ende. Ich fand es erschrekkend und unvorstellbar. Auch von der Ansteckung durch Geschlechtsverkehr war die Rede, Einzelheiten allerdings wurden nicht beschrieben. Wenn Antony also meint ...

Antony handelt. Barbara fügt sich.

Mir gefällt die Vorstellung von Liebe. Nicht der Akt an sich. Aber Liebe macht man, Liebe träumt man nicht.

Am Sonntag bummeln wir durch die Stadt. Er zeigt mir die Plätze, die er besonders mag. Wir treffen einen Kumpel, der gerade aus dem Gefängnis entlassen worden ist. Ein großer, kräftiger Typ um die Vierzig mit stumpfer Hautfarbe. Er hat lange braune Haare, die er zu einem Pferdeschwanz zusammengebunden hat, eine Tätowierung am Arm und trägt Jeans, Hemd, Cowboystiefel und Sonnenbrille. Einer aus dem Milieu. Ich fürchte mich normalerweise vor solchen Typen, aber in Antonys Gegenwart fühle ich mich sicher.

Sie wecken meine Neugier, diese Leute, die im Gefängnis waren. Sie reden viel darüber, eigentlich reden sie von nichts anderem. Sechs oder sieben Jahre war er drin, wenn ich ihn recht verstanden habe, und er will auf keinen Fall wieder rein. Er will sich Arbeit suchen, um wieder Fuß zu fassen. Er lebt mit einer Siebzehnjährigen zusammen, in die er offensichtlich sehr verliebt ist. Ich höre nur mit halbem Ohr zu. Die Szene kommt mir unwirklich vor.

Nie hätte ich gedacht, eines Tages solche Leute kennenzulernen. Oder mich sogar mit ihnen zu unterhalten. Und plötzlich ist es passiert. Doch ich weiß nicht, wie ich mich verhalten soll. Wir sprechen nicht dieselbe Sprache.

Was außerhalb der Norm liegt, übt eine starke Anziehungskraft auf mich aus. Meine Psychologin hat eine Neigung zum Außenseitertum bei mir festgestellt. Aus diesem Grund möchte ich wohl die Menschen am Rande der Gesellschaft zu verstehen versuchen: um zu sehen, ob uns irgend etwas verbindet, ob ihre Lebensweise mich tatsächlich dauerhaft anzieht . . .

Nein. Nein, im Gegenteil, ich fürchte mich vor ihnen, und ihr Leben interessiert mich nicht. Es macht mir angst. Dennoch bin ich bemüht, mich an der Unterhaltung zu beteiligen.

Montag. Antony geht früh am Morgen zur Arbeit. Ich räume auf. Ich mag es, wenn alles an seinem Platz ist. Vielleicht kompensiere ich durch meine Ordnungsliebe das Chaos in meinem Innern. Einen schlampigeren Menschen als Antony kann man sich nicht vorstellen. T-Shirts, Unterhosen, Bücher, Schallplatten, leere Zigarettenschachteln, überquellende Aschenbecher, leere Bierdosen . . . Ich rauche mittlerweile zwei Päckchen Zigaretten am Tag. Aber Alkohol rühre ich nicht an. Alkohol und Drogen sind die beiden Dinge, die mich bei ihm am meisten erschrekken.

Ganz allein in Marseille inmitten der Touristen. Die Urlauber haben etwas Beruhigendes, ich suche ihre Nähe. Die Normalität gibt mir ein Gefühl der Geborgenheit.

Wir sind in einem Café am Alten Hafen verabredet, dort will er nach der Arbeit hinkommen. Das Meer, der sonnenbeschienene Strand reizen mich nicht. Dort macht man Bekanntschaften, und ich habe keine Lust, mich mit jemandem zu unterhalten.

Ich mag das Meer nicht. Die Berge gefallen mir besser. In den Bergen herrscht Ordnung, da läuft man nicht halbnackt herum.

Ich schleppe meine Traurigkeit durch die Kaufhäuser, vorbei an bunten Leinenschuhen, Badeanzügen, Halstüchern, billigem Modeschmuck.

Dann setze ich mich ins Café und warte. Er ist pünktlich. Ein anderes Café, Kumpels von früher, Kumpels aus der Drogenszene. Sie bestellen Bier, nichts als Bier. Und rauchen Joints.

Ich trinke einen Orangensaft und dann einen zweiten und sehe sie mir an. Sie wollen wissen, woher ich komme, was ich mache. Ich bin anders als sie, und das macht sie neugierig. Sie werden sich fragen, was eine wie ich hier bei ihnen will.

Ich bin »clean«, jung, und ich bin mit einem Typen wie Antony zusammen.

Clean, das ist jemand, der aus einem bürgerlichen Milieu, aus geordneten Verhältnissen stammt, der keinen Mist baut, keine Diebstähle begeht, keine Drogen nimmt und nicht lügt; clean, das ist jemand, der »normal« ist.

Ich bemühe mich, viel zu reden, ich will die Unterschiede zwischen uns ein wenig verwischen. Das ist gar nicht so leicht. Ich lasse einige entsprechende Ausdrücke einfließen. Aber ich kann nicht aus meiner Haut: Ich komme aus Chartres, aus einer anderen Welt.

Ich wünschte, Antony würde mir ein bißchen mehr Zeit widmen. Mit seinen Kumpels Bier trinken und Hasch rauchen kann er schließlich jeden Tag. Ich bin nur für zwei

Wochen hier. Aber er läßt sich vollaufen, als säße ich ganz zufällig an seinem Tisch.

Mir war klar, daß ich mich würde unterordnen müssen. Gegen Marseille, die Kumpel, das Bier und die Drogen komme ich nicht an.

Die Tage und Abende gleichen sich. Morgens im Bistro. Fünf oder sechs Tassen Kaffee, um wach zu werden. Ich mag keinen Kaffee. Ich fange mit Milchkaffee an und trinke ihn zu guter Letzt schwarz. Morgens und nachmittags. So wie er. Ich bin ein Chamäleon.

Ich sehe ihm beim Zeitunglesen zu.

Wir haben uns nichts zu sagen. Es sei denn, wir reden über Fußball, »seine« Mannschaft, Olympique Marseille. Das ist aber auch schon alles. Er kann eine Viertelstunde oder auch eine halbe Stunde schweigen. Ich schaue mich um. Ich bin nichts anderes mehr als ein stummer Blick. Oft betrachte ich sein Gesicht. Auf der Suche nach Bestätigung, auf der Suche nach seiner Persönlichkeit. Mir fällt die Stumpfheit in seinen Augen auf.

Ich kann kein Leuchten, kein Aufblitzen, überhaupt keinen Ausdruck darin erkennen, während er liest. Woran denkt er? Was soll ich überhaupt hier? Was soll ich in all den Kneipen, wo ich unzählige Tassen Kaffee trinke? Was bedeute ich ihm?

Manchmal würde ich am liebsten aufstehen und gehen. Zeitung lesen oder Bier in sich hineinschütten kann er schließlich auch allein. Aber er hat die Wohnungsschlüssel.

Ich habe nicht viel Geld dabei, kein Scheckheft und keine Kreditkarte. Ich habe meiner Mutter gesagt, ich bliebe zwei Wochen bei meinem »Bekannten«. Wie würde das aussehen, wenn ich nach ein paar Tagen schon wieder angerannt käme?

Ich übe mich in Geduld, was sonst gar nicht meine Art ist. Er ist wirklich der erste Mensch, mit dem ich eine wahre Engelsgeduld habe, soviel Geduld, daß es schon an Dummheit grenzt. Noch habe ich die Hoffnung nicht aufgegeben, er könnte sich ändern und meine Liebesgeschichte endlich Wirklichkeit werden.

Das Gefühl, nicht zu wissen, woran ich bin, ist frustrierend. Manchmal denke ich: Er liebt mich. Dann wieder durchzuckt mich der Gedanke: Ich bin ihm scheißegal.

Er liebt mich, wenn er lacht, wenn er spricht, mir Fragen über mich und mein Leben stellt, sich erkundigt, wozu ich Lust habe. Aber das tut er nicht oft.

Er hat mich gebeten, ihm von Chartres, von meinem Zuhause, meinen Eltern zu erzählen. Als ich ihm sage, meine Mutter sei Buchhalterin und mein Vater in der Verwaltung tätig, meint er: »Nicht schlecht, da verdienen sie ganz gut, arme Leute seid ihr nicht!«

Beamter sein heißt für ihn, Umgang mit mehr oder weniger wichtigen Persönlichkeiten zu pflegen und einen Haufen Kohle zu verdienen. Wir haben jede Menge Geld und kennen Gott und die Welt!

Als ich erwähne, daß meine Eltern einen Citroën XM fahren: »So eine Nobelkarosse könnt ihr euch leisten?«

Es ist ein geräumiges, bequemes Fahrzeug. Bürgerlich, könnte man sagen. Aber die einzige Sonderausstattung, die sich meine Eltern leisten konnten, war der Zigarettenanzünder.

Als ich erzähle, daß wir in einem Einfamilienhaus wohnen und einen Garten, Blumen, Tiere haben, denkt er an eine Traumvilla. Er kennt nichts anderes als Sozialwohnungen, für ihn ist ein Häuschen natürlich das höchste der Gefühle.

Er sagt immer häufiger: »Eigentlich passen wir überhaupt nicht zusammen, wir kommen doch aus völlig verschiedenen Schichten. Du bist eine Bürgerliche.«

Das Wort trifft mich an meiner empfindlichen Stelle. Ich bin keine Bürgerliche. Eine Bürgerliche ist ein Mädchen aus einer wohlhabenden Familie. Das trifft auf mich nicht zu.

»Antony, wir sind nicht reich, meine Eltern arbeiten, das ist alles.«

»Ja, stimmt, du hast recht«, sagt er, aber er ist nicht überzeugt. Für ihn bin ich die reiche Kleine aus bürgerlichem Hause. Daß Leute für das bißchen, was sie haben, hart arbeiten müssen, sich abrackern wie meine Eltern, geht über seinen Horizont. Ich habe ihm oft von dem Café erzählt, das meine Mutter hatte. Um ihm begreiflich zu machen, daß die Ursachen für meine Probleme mit ihr dort zu suchen sind. Die viele Arbeit, die vielen Männer an der Theke, das Gefühl des Ausgeschlossenseins . . . Mir graute es vor diesem Café. Kein Familienleben mehr, keine gemeinsamen Mahlzeiten, die in Ruhe eingenommen wurden. Ich war sieben damals. Seitdem weigere ich mich zu essen. Obwohl es das Café schon lange nicht mehr gibt.

In seinen Augen ist es ein Kinderspiel, einen solchen Betrieb zu leiten. Er sieht eine Wettannahmestelle mit Ausschank vor sich, das Bier, das in Strömen fließt, das Geld, das nur so gescheffelt wird. Eine Wunschvorstellung, die mit der Wirklichkeit nicht das geringste zu tun hat.

Er hat nie Geld von mir verlangt. Jedenfalls nicht ausdrücklich. Meistens fängt es so an:

»So ein Mist, ich muß mir unbedingt noch Shit besorgen und bin total pleite. Jetzt muß ich erst wieder zum Automaten.«

Da er in einem armen Viertel wohnt, in dem es keine Geldautomaten gibt, bedeutet das, sich zu Fuß auf den weiten Weg ins Stadtzentrum zu machen. Und da ich müde bin, nicht gern laufe und er das ganz genau weiß . . .

»Wenn du 50 Mäuse brauchst, die kannst du auch von mir haben.«

»Ja? Das wär' klasse, dann könnten wir uns den Weg sparen. Du kriegst sie wieder, keine Bange.«

Bisher habe ich noch nichts zurückbekommen, nicht einen Sou. Und er braucht täglich eine kleine Stange Shit.

Eines Abends ist er so angeschlagen und benimmt sich so merkwürdig, daß ich zuerst denke, er ist betrunken.

»Nein, das kommt von den Tabletten. Ein Arbeitskollege hat sie mitgebracht. Wir haben sie mit Bier runtergespült, und das hat uns echt umgehauen.«

Er rutscht ab. Er redet wieder von Aufputschmitteln und den Typen, von denen er sie bekommt. Ich ertappe mich dabei, wie ich verstohlen seine Arme betrachte, sie mit meinen vergleiche. Seine Venen sind dick, fast violett und treten stark hervor, aber Einstiche kann ich keine entdecken. Sofern ich überhaupt in der Lage wäre, sie zu erkennen.

Sein düsterer, stumpfer Blick wird immer ausdrucksloser. Körperlich allerdings ist er in erstaunlich guter Verfassung, auch wenn er abgenommen hat. »Ich habe gar nichts mehr auf den Rippen«, sagt er hin und wieder, »ich muß unbedingt mehr essen.«

Aber selbst wenn er mehr ißt, nimmt er kaum zu. Er fühlt sich ausgepumpt, kraftlos, und das Spiel beginnt von vorn: literweise Bier und Kaffee, die Jagd nach Hasch und nach den »Glückspillen«.

Ob er krank ist? Ist die Schwäche, der Gewichtsverlust vielleicht ein Zeichen für Aids? Seit seinem »Tut mir leid« hat er nie wieder darüber gesprochen.

Wir schweigen.

Von Zeit zu Zeit lieben wir uns. Qualvoll.

Ich gedulde mich.

Von ihm lasse ich mir Dinge gefallen, die ich mir von niemandem sonst gefallen lassen würde. Ohne einen Wutausbruch zu bekommen, ohne irgend etwas kaputtzuschlagen.

Er merkt nichts. Ich bin auf der Durchreise in Marseille.

Auf der Durchreise in seinem Leben?

Rimbaud ist nicht mehr. Der Roman meiner siebzehn Jahre verströmt den bittersüßen Duft eines Außenseiterdramas. Dichtung, Traum, meine Zuflucht stirbt auf einem Bahnsteig. Ich werde nie mehr unter grünen Linden wandeln.

Von Bahnhof zu Bahnhof

Ich hatte achthundert oder tausend Francs in der Tasche, als ich nach Marseille kam. Eine Woche später besitze ich keinen Sou mehr. Die acht Tage sind wie im Flug vergangen.

Am Samstagabend findet im Stadion ein Fußballspiel statt. Marseille gegen Metz, die erste Runde um die französische Meisterschaft. Antony ist glücklich. Ich bin kein Fußballfan, aber durch ihn habe ich Gefallen daran gefunden.

»Du wirst sehen, Fußball ist echt klasse, vor allem wenn Marseille spielt.«

Es hat mir wirklich Spaß gemacht. Keine Ausschreitungen, keine Gewalttätigkeiten. Vielleicht, weil Marseille gewonnen hat. Ja, bestimmt sogar.

An dem Abend betrinkt er sich nicht wie viele Anhänger des Klubs. Er grölt auch nicht und schwenkt keine Fahne.

Wir verbringen einen ruhigen Sonntag zu zweit. Glückliche Barbara. Ein Abend voller Seligkeit.

Montag muß er wieder arbeiten. Er treibt sich von neuem in der Stadt herum. Ich habe kein Geld mehr und kann nicht mehr den Kaffee für alle bezahlen.

»Ich glaube, so langsam muß ich ans Heimfahren denken.«

»Wie du meinst.«

Traurig klingt das nicht. Ich bin todunglücklich. Ich wünschte mir so sehr, er würde mir zu verstehen geben, ich solle bleiben. Ich warte auf ein Zeichen. Aber es kommt nicht. Für ihn ist alles in bester Ordnung. Ich habe sogar den Eindruck, ihm fällt ein Stein von Herzen . . .

Am Dienstag gehe ich zum Bahnhof und kaufe mir eine Fahrkarte. Ich bin immerhin so gescheit gewesen, die hundert Francs dafür auf die Seite zu legen.

9 Uhr morgens. Was fange ich mit meinem letzten Tag vor unserem letzten Abend an?

»Hallo.«

Zwei Fremde. Wir kommen ins Gespräch. Wenn ich Antony so egal bin, wird es ihn ja nicht stören, wenn ich noch ein bißchen Spaß habe, sage ich mir. Trotzreaktion. Ein Aufbäumen meines Stolzes.

Dennoch bin ich mißtrauisch. Ich bin noch nie in meinem Leben mit Wildfremden losgezogen. Noch nie. Wir gehen einen Kaffee trinken. Zuerst finde ich sie ganz nett. Aber das ändert sich sehr schnell.

Claude ist relativ klein und hat helle blaue Augen. Ein harter, angsteinflößender Blick. Etwa Mitte Zwanzig. Sein Kumpel ist relativ groß, sieht ganz gut aus, hat weiche Züge und ist vielleicht zweiundzwanzig Jahre alt. Der Kleine ist mir nicht ganz geheuer. Zu dem anderen, dem Großen, dagegen habe ich fast so etwas wie Vertrauen. Jedenfalls hat er nichts Bedrohliches.

Plötzlich sagt der eine:

»Ich habe heute Waschtag gehabt. Ich sollte meine Wäsche noch raufbringen. Kommst du mit?«

»Ich glaube nicht, ich sollte auch langsam nach Hause.«

»Was ist los, hast du Angst? Wir werden dich weder fressen noch vergewaltigen, keine Sorge.«

»Okay, meinetwegen, aber nur fünf Minuten, ich hab's eilig.«

Sie drehen sich Joints. Das erstaunt mich nicht weiter. Ich habe den Eindruck, in Marseille macht überall ein Joint die Runde, jeder scheint einen dabei zu haben.

Ich bleibe cool. Als sie ihn mir einen anbieten, mache ich ein paar Züge. Ich habe mit Antony schon einmal einen Joint geraucht, aber das ist mir nicht gut bekommen, mir wurde nur schwindlig. Und das mag ich nicht. Trotzdem sage ich ja. Aus Dummheit. Vielleicht auch, um Antony eins auszuwischen. Barbara zieht ihre Nummer ab: die große Unkonventionelle! Außenseitertum, welchen Schwachsinn begeht man nicht in deinem Namen?

Blöd, wie ich bin, habe ich natürlich auch erzählt, daß ich aus Chartres komme und siebzehn bin. Vielleicht hat sie das auf eine Idee gebracht. Sie wollen mir Marseille zeigen. Wir ziehen los. Ich bin benebelt und völlig schlapp, aber entschlossen, mich nicht von meiner Dummheit abbringen zu lassen. Die beiden steuern mehrmals auf irgendwelche Mädchen zu, wechseln ein paar Worte mit ihnen. Prostituierte. Mir dämmert erst nach einer Weile, daß die beiden Typen Zuhälter sein könnten.

Ich ziehe mit ihnen durch die Stadt, von Café zu Café, von Kneipe zu Kneipe. Sie trinken keinen Alkohol, ich auch nicht. So weit, so gut. Irgendwann kommen wir in eine Grünanlage. Praktisch kein Mensch da außer uns. Plötzlich haben sie Koks in der Hand, schieben es zu einer Linie. Für jeden eine. Für mich auch, aber ich lehne ab.

»Nun komm schon, das ist absolut harmlos, du wirst sehen.«

»Nein, ich habe noch nie gekokst, und ich will es auch nicht probieren. Mir reicht ein Joint.«

Sie schnupfen es, als ob ich gar nicht da wäre. Ich frage mich ängstlich, wie sie reagieren werden. Der Kleine bekommt rote Augen und wird gereizt. Der Große ist ruhig, ganz entspannt.

Ich rauche einen weiteren Joint, täusche Gelassenheit vor, während sich in meinem Kopf alles dreht, mein Herz rast und mir im Magen ganz flau wird. Ich setze einen Fuß vor den anderen, ohne zu wissen, wohin ich gehe.

Irgendwann sagt der Große, er komme in einer Stunde zurück, und verschwindet. Ich bleibe allein mit dem Kleinen. Wir sitzen in einem Café. In regelmäßigen Abständen steht er auf.

»Ich bin gleich wieder da.«

Er geht zur Toilette und schnupft eine Linie Koks nach der anderen. Jedesmal, wenn er zurückkommt, geht es ihm ein bißchen schlechter. Hier kennt anscheinend jeder jeden. Lauter Außenseiter. Ich fühle mich gar nicht wohl in meiner Haut.

»Mir ist es zu warm hier drinnen, ich setz' mich nach draußen.«

»Okay, ich komme in fünf Minuten nach.«

Als ich draußen bin, laufe ich los, zur nächsten Bushaltestelle. Nichts wie nach Hause! Ich habe Angst gehabt, ich muß das alles erst verdauen. Ich will nur noch eins: mich hinlegen und schlafen. Ich habe viel zuviel geraucht. Was ist nur in mich gefahren? Mich von diesen zwei Typen, Zuhältern, Dealern, abschleppen zu lassen! Bin ich übergeschnappt oder was?

Jemand schüttelt mich grob.

»Komm, wir machen noch 'ne Runde.«

Ich habe Blei in den Gliedern. »Nein, ich bin todmüde.«

»Sei doch nicht so! Morgen fährst du nach Hause, willst du mich an unserm letzten Abend allein losziehen lassen? Das fände ich ganz schön gemein von dir . . .«

Er hat meine Schwachstelle getroffen.

Den ganzen Abend ist mir schwummrig. Außerdem fällt mir ein, daß ich vergessen habe, meine Mutter anzurufen, um ihr zu sagen, mit welchem Zug ich komme. In irgendeiner trostlosen Kneipe schwanke ich die Treppe hinunter zum Telefon. Es nimmt niemand ab. Aufsteigende Panik. Ich rufe meine Tante an.

»Deine Eltern sind für zwei Tage weggefahren, nach Aurillac. Sie kommen erst morgen nachmittag zurück.«

Ich kann niemand anderen anrufen. Die Telefonnummer meiner Tante ist die einzige, die ich auswendig weiß. Schlechte Organisation, Außenseiterin!

»Kannst du nicht noch einen Tag länger in Marseille bleiben?«

Ich will ihr nicht sagen, daß ich kein Geld mehr habe und deshalb in Paris am Bahnhof abgeholt werden muß; für eine Bahnkarte nach Chartres reicht es nämlich nicht mehr. Von Antony kann ich mir auch nichts leihen, er ist total abgebrannt.

Ich schwanke zurück an unseren Tisch. Ich hasse es, um Almosen zu betteln. Und einen Tag länger bei ihm zu bleiben bedeutet, um das Almosen der Liebe zu bitten.

»Das stellt mich jetzt vor ein Problem. Damit habe ich nicht gerechnet.«

Ein Schaf. Ich bin ein Schaf. Ich ärgere mich über mich selber, will nur noch fort, um ihn nicht mehr zu sehen. Er beleidigt mich. Womit hat er nicht gerechnet? Mit mir? Mit mir und dem, was er mir angetan hat?

Ich taumle aus der Kneipe in Richtung Bushaltestelle. Mein Kopf glüht, mein Herz ist eiskalt. Nach hundert Metern hat er mich eingeholt.

»Was ist los, warum bist du abgehauen? Paßt dir was nicht? Warum hast du nicht gleich gesagt, daß du keinen Bock hast, was trinken zu gehen. Du nervst mich echt. Morgen packst du deine Sachen und verduftest, klar? Ich will dich nicht mehr sehen!«

»Okay, okay, ich hab's kapiert! Ich fahre morgen früh wie geplant.«

Er beruhigt sich ein wenig. »Und deine Alten? Hast du irgendwas abgemacht?«

»Ich werde im Bahnhof warten. Am frühen Nachmittag kommen sie zurück, dann rufe ich so gegen 2 an, damit sie mich abholen. Irgendwie kriege ich die ein, zwei Stunden schon rum, das ist nicht tragisch.«

Ich will nur noch fort. Antony ist voll bis obenhin mit Alkohol und Hasch. In dem Zustand kann man nicht miteinander reden. Das schlimmste ist, daß ich mich an dem Nachmittag genauso benommen habe, genauso leer war im Kopf. Ich habe es satt. Er geht mir auf die Nerven. Ich will nicht mehr diskutieren.

Dieser letzte Abend endet unschön. Ich weiß nicht mehr, was ich tue, was ich sage.

Ich lasse ihn stehen, mitten in seinem Marseille.

Schlafen. Ich gehe morgen zum Bahnhof. Schlafen. Meinen Verstand wiederfinden.

Die Wohnungstür fliegt mit einem Knall ins Schloß. Wutschäumend stürmt er herein.

»Wo bist du gewesen? Ich hab' dich überall gesucht!«

»Ich bin müde, und ich muß noch meinen Koffer packen, ich fahre morgen in aller Frühe. Entschuldige, aber ich bin total erledigt, ich will nur noch schlafen.«

Er stellt das Radio an und macht sich etwas zu essen. Ich liege lange wach. Ich komme mir wie ein Eindringling vor, fühle mich elend und unglücklich und ekle mich vor mir selber.

Der Tag fängt schlecht an. Ich habe verschlafen. Hoffentlich erwische ich meinen Zug noch. Den ersten Bus habe ich bereits verpaßt. Der Bahnhof St. Charles ist riesengroß, man muß endlos Treppen steigen und dann noch den richtigen Zug finden.

Wir nehmen unter dem idiotischen Schild an der Bushaltestelle Abschied voneinander.

»Und wenn ich ihn doch verpasse?«

»Mach dir keine Sorgen, ich fahre nach der Arbeit, so gegen 5, am Bahnhof vorbei, und dann seh' ich ja, ob du noch da bist oder nicht. Wenn ja, kommst du wieder mit zu mir und fährst eben morgen.«

Sein »Problem« hat sich anscheinend in Luft aufgelöst. Sollte Barbara wieder eine berechenbare Größe geworden sein?

Der Zug ist weg.

Ich besetze eine Ecke des Bahnhofs für den Rest des Tages und beobachte das geisttötende Schauspiel: Köpfe, Koffer, Blicke. Gähnende Langeweile. Ich kann mir nicht mal was zu lesen kaufen.

17 Uhr, er kommt nicht. Panik. Ich habe keine Wohnungsschlüssel. Ich stehe auf der Straße und bin völlig blank.

Meine Bahnkarte habe ich noch nicht umgetauscht; für den TGV ist eine Platzreservierung erforderlich. Und das Geld für eine zweite Reservierung habe ich nicht. Ich habe vielleicht noch zehn Francs in der Tasche. Das reicht nicht mal für eine Kleinigkeit zu essen. Zehn Francs und eine Schachtel Zigaretten. Auf die Toilette kann ich auch nicht, das kostet drei Francs, und ich werde doch nicht drei Francs die Schüssel hinunterspülen ...

Ich habe Glück im Unglück. Ich treffe ein junges Pärchen, das nach Paris will und ebenfalls Unterschlupf im Bahnhof sucht. Die Jugendherberge ist anscheinend belegt. Seit einer Woche sind sie in Marseille. Ohne Unterkunft.

Cécile ist mir auf Anhieb sympathisch. Ich erzähle ihr meine Geschichte. Von Anfang bis Ende. Erzähle, daß Antony HIV-positiv ist. Daß er meine erste Liebe ist. Ich erzähle ihr auch von meinem Abenteuer mit den beiden Koks schnupfenden Typen.

Sie versteht alles. Ich rede und rede, wie ich selten in meinem Leben geredet habe. Wie ich nie mit jemandem reden würde, den ich kenne. Ich sage ihr alles, was ich weder meinen Eltern noch meiner besten Freundin oder meiner eigenen Schwester anvertraut habe. Ich schütte ihr mein Herz in einer Bahnhofsecke aus.

»Ich war selber abhängig, ich kenne das alles. Mein Freund kommt gleich wieder. Wenn dein Typ dich nicht abholt, bleibst du heute nacht mit uns zusammen, dann bist du nicht allein. Wir werden schon irgendwo ein Plätzchen zum Schlafen finden.«

Mir fällt ein Stein vom Herzen. Ich bin nicht mehr allein. Cécile ist klein, hat lange dunkle Haare und leichte Schlitzaugen. Sie ist ziemlich pummelig, aber sehr hübsch. Ihr Freund kommt zurück, ein Schwarzer. Er heißt Jean-Marie und ist groß und kräftig und liebenswert. Ein offenes Lächeln, ein kräftiger Händedruck. Wir verbringen einen Bahnhofshallenabend. Sie leiht mir ihre Telefonkarte, damit ich zu Hause anrufen kann, und er das Geld für die Platzreservierung im TGV.

Barbara wird nach Hause zurückkehren. In die vertraute Umgebung. Am anderen Ende des Schienenstrangs wartet die Geborgenheit. Die Familie. Meine kleine Welt.

Von 2 Uhr früh bis um 5 ist der Bahnhof geschlossen. Wir stehen draußen auf der Straße. Wir wissen nicht, wohin, also schlendern wir durch die Stadt. Um 5 sind wir wieder da. Wir breiten ein Handtuch auf dem Boden aus und legen uns noch ein bißchen hin.

Ich bin zum erstenmal in meinem Leben »auf Platte«.

Als ich um 8 in den TGV steige, spüre ich jeden Knochen einzeln. Ich habe zwei Stunden geschlafen. Seit zwei Tagen geht es mir schlecht. Am Abend habe ich vier Joints geraucht, jetzt platzt mir fast der Schädel. Außerdem ist mir übel. Nichts im Magen.

Sie müssen einen ganz schönen Schrecken bekommen haben, als sie mich über den Bahnsteig schlurfen sahen. Die Reisetasche ist viel zu schwer für meine kraftlosen Arme. Meine Eltern haben doch damit gerechnet, eine guterholte, braungebrannte und von der jungen Liebe verklärte Tochter in Empfang zu nehmen.

»Wie siehst du denn aus? Was ist los mit dir?«

»Nichts, ich bin nur müde, das ist alles.«

»Du bist ja ganz weiß. Leichenblaß. Als kämst du aus dem Krankenhaus, so siehst du aus.«

Auf der Rückfahrt habe ich geschlafen. Sie verstanden überhaupt nichts mehr. Ich war fix und fertig. In jeder Hinsicht.

Gegessen habe ich an dem Abend nichts. Ich fühlte mich zu schwach dazu, wollte nur schlafen.

Dieser Tag war der absolute Horror. Als Erklärung für meinen Zustand erzählte ich meinen Eltern: »Wir haben uns gestern noch ein Fußballspiel angesehen und anschließend gefeiert.« Zu guter Letzt gab ich zu: »Ich habe mich mit meinem Freund gestritten. Hat er angerufen?«

»Nein . . .«

Er hat mich angelogen. Er ist nicht zum Bahnhof gekommen, er hat nicht einmal angerufen. Ich bin ihm völlig schnuppe. Wahrscheinlich ist er in irgendeiner Bar versumpft.

Die Erkenntnis tut weh. Ich schließe mich in meinem Zimmer ein und weine meinen verlorenen Illusionen nach. Er liebt mich nicht, er hat mich nie geliebt. Ich bedeute ihm nichts. Er hat mich zehn Tage lang nur verarscht. Er war fast die ganze Zeit zu bis obenhin. Hatte keine zärtliche Geste, kein liebes Wort für mich übrig. Nicht einmal im Bett. Eine Bierflasche behandelt er liebevoller.

Mich packt der Haß. Ich könnte ihn umbringen!

Ich schreibe ihm einen netten Brief, in dem ich ihm alles erkläre. Die Joints, die Erschöpfung, das Unverständnis, mein Abenteuer im Bahnhof. Warum bist du nicht gekommen? Warum hast du nicht angerufen?

Zwei Blätter aus einem Schulheft, jeweils beide Seiten mit schwarzer Tinte beschrieben. Ein Brief, wie man ihn schreibt, wenn man wieder klar denken kann. Oder es zumindest glaubt. Ein Mißverständnis kann doch nicht das Ende einer Liebe bedeuten? Er wird mir antworten, ich weiß nicht, wann, aber er wird mir antworten.

Eine Woche später. Am Telefon.

»Die Sache tut mir echt leid, warum hast du nichts gesagt, wenn du mit mir darüber geredet hättest, hätte ich bestimmt nicht so reagiert. Ich war gegen 5 am Bahnhof, hab' dreimal die Runde gemacht, aber ich konnte dich nirgends entdecken . . .«

Ich hatte Cécile und Jean-Marie genau beschrieben, wie er aussieht, was er anhat. Ich hatte ihnen sogar ein Foto von ihm gezeigt. Zu dritt hielten wir nach ihm Ausschau. Wir hätten ihn sehen müssen.

Er lügt.

Aber ich stelle ihn nicht zur Rede. Seiner Stimme nach zu urteilen geht es ihm ganz gut. Ich mache mir nichts mehr vor. Es ist vorbei. Wozu soll ich ihm seine Lügen vorhalten? Trennen wir uns lieber in Freundschaft, anstatt wütend den Hörer hinzuknallen.

Ich liebe ihn immer noch. Zu viele gemeinsame Träume. Er ist anders als die anderen. Er hat eine Vergangenheit, ein Leben, das mich anzieht. Und mir angst macht. Ich habe die Hoffnung noch nicht aufgegeben. Er kann sich ändern. Ich liebe ihn und sage mir gleichzeitig: Es ist aus, ich werde ihn nie mehr wiedersehen. Doch das soll er entscheiden. Es steht ihm frei, zu mir zurückzukommen. Ich warte auf ihn.

Er sagt: »Wir sehen uns wieder, du kommst mich in den Weihnachtsferien besuchen, okay?«

Bis dahin sind es noch fast sechs Monate.

Klägliche Hoffnung auf ein klägliches Leben, das mir reizvoll erscheint, weil es ein Leben mit ihm ist. Liebe verzeiht alles, Liebe hat für alles eine Erklärung.

Ich sehne mich nach Liebe, genau wie er auch.

Nur so kann ich mir meine selbstmörderische Hartnäkkigkeit erklären.

Der Tod zieht mich an, er reizt mich wie ein befreiender Galopp auf einem wild gewordenen Pferd.

Bilanz

Meine Periode ist seit zwei Monaten überfällig.

Ich komme in die Abiturklasse. Meine Noten in meiner alten Schule in Chartres sind so miserabel gewesen, daß ich die Sekunda ein drittes Mal hätte absolvieren müssen. Meine Eltern haben Himmel und Hölle in Bewegung gesetzt, damit ich in Rambouillet ein anderes Gymnasium besuchen kann und gleich in die Prima komme. Ich will es schaffen. Meine Schwester hat das Abitur, meine Cousine auch. Ich brauche es, wenn ich später zum Beispiel Journalistik studieren will. Ich weiß noch nicht genau, was ich machen werde, auf jeden Fall etwas Literarisches. Schreiben und Lesen sind die einzigen Dinge, die mir wirklich Freude machen.

Donnerstag ist der erste Schultag. Keine Probleme. Ich bekomme eine Bücherliste, eine Liste mit den Namen der Lehrkräfte, den Stundenplan. Das war's. Unterrichtsbeginn ist am Montag.

Am Freitag treffe ich mich mit meinen alten Klassenkameradinnen aus Chartres. Hätte ich das Schuljahr '92 nicht geschmissen, wäre ich noch mit ihnen zusammen. Aber ich habe nichts mehr mit ihnen gemein.

Montag gehe ich in die Schule. Zwei Stunden halte ich durch, dann verdrücke ich mich.

Es geht nicht. Mir ist nicht gut. Ich muß dauernd an Antony denken. Seit zwei Monaten keine Periode. Ich kriege Panik.

Zwei Monate, das heißt Ende Juni. Da haben wir uns

zum erstenmal getrennt. Bin ich womöglich damals schon schwanger gewesen?

Ich treibe mich den Nachmittag über in Rambouillet herum. Abends erzähle ich zu Hause, es sei alles glattgegangen in der Schule.

Am nächsten Morgen bringen meine Eltern mich zum Bahnhof. Der Zug nach Rambouillet hält. Ich steige nicht ein. Ich kann nicht. Ich will nicht zurück in die Schule, ich fühle mich zu alt, um mich in ein Klassenzimmer zu setzen und zu lernen. Was soll ich denn lernen? Und wofür?

Erst will ich wissen, ob ich schwanger bin. Ob ich HIV-positiv bin. Ob ich sterben werde. Ich weiß mir keinen Rat mehr.

Ich verbringe den Vormittag im Bahnhof und warte darauf, daß ich zum Mittagessen nach Hause fahren kann. Meiner Familie gegenüber tue ich so, als wäre ich in der Schule gewesen. Anschließend fahre ich zurück zum Bahnhof.

Wo gehöre ich hin? Nirgends. Ich bin nicht mehr wie die anderen. Ich habe meine Kindheit verloren. Am Unterricht teilzunehmen, die Gymnasiastin zu spielen, das wäre pure Heuchelei. Ein Spiel. Nicht die Wirklichkeit. Ich habe weder den Mut noch die Kraft dazu.

Auf der anderen Seite möchte ich meine Eltern nicht enttäuschen. Noch vor einer Woche war ich fest entschlossen, auf der Schule in Rambouillet das Abitur zu machen. Und jetzt plötzlich kann ich an nichts anderes mehr denken als an meine Periode. Und an Antony. Die Zukunft rast schneller auf mich zu, als mir lieb ist, und für Schule ist darin kein Platz.

Zu Hause tue ich absolut nichts, ich kümmere mich um nichts, nicht einmal um mich selbst. Sogar in meinem Zimmer herrscht Unordnung. Ich rede mit niemandem, wenn überhaupt, dann mit ein paar Freundinnen.

Ich habe zu nichts mehr Lust, an nichts mehr Spaß. Null Bock. Das einzige, wozu ich Lust hätte, wäre, nach Marseille zu fahren. Ich sitze im Bahnhof und warte und träume von einem anderen Bahnhof.

Eine halbe Stunde später steht meine Mutter vor mir. Sie sieht mich an und setzt sich wortlos neben mich. Schließlich sage ich:

»Was machst du denn hier?«

»Und du, was machst du hier? Hör mal, Barbara, wenn du nicht in die Schule willst, brauchst du doch bloß ein Wort zu sagen. Wir hätten dir schon nicht den Kopf abgerissen deswegen. Wir gehen zum Arzt, er schreibt dir ein Attest, und du bleibst acht Tage zu Hause.«

»Woher weißt du überhaupt, daß ich nicht in der Schule war?«

»Meinst du, ich hätte nicht gemerkt, daß etwas nicht stimmt? Du bist so still gewesen gestern abend, während du sonst von nichts anderem als von der Schule redest. Noch etwas ist mir aufgefallen. Deine Periode ist diesen Monat ausgeblieben.«

»Woher weißt du das?«

»Ich weiß es. Ich kenne dich.«

Sie hat gewußt, daß sie mich hier finden würde. Ich fange an zu weinen.

»Gegessen hast du natürlich auch noch nichts, oder?«

Sie zieht eine Tafel Schokolade aus dem Automaten. Sie ist mir ähnlich. Ich bin ihr ähnlich. Wir schweigen. Bis ich es nicht mehr aushalte. Mit meiner Schwester hat sie dieses Theater nicht gehabt. Soline ist pflegeleicht und freundlich. Soline liebt ohne Probleme. Soline ist auf der Uni, Soline macht was aus ihrem Leben . . . Wie habe ich meins bloß so verkorksen können, Mama? Ich kaue, ich weine, ich schlucke.

»Komm mit nach Hause.«

Sie schimpft nicht; das ist neu. Ich bin nicht pampig, das ist auch neu. Wir reden in fast sachlichem Ton miteinander. Mit ruhiger, trauriger Stimme.

»Ich werde den Arzt anrufen und einen Termin für heute abend ausmachen.«

»Nein, ich will nicht zum Arzt.«

»Du mußt unbedingt einen Schwangerschaftstest machen.«

»Ja, aber ich will nicht zum Arzt.«

»Also gut, dann besorge ich einen Urintest aus der Apotheke. Das geht auch schneller.«

Am nächsten Tag weiß ich, daß ich nicht schwanger bin. Ich hatte das Problem schon einmal. Sowie ich unter Streß stehe, gerät in meinem Körper alles durcheinander.

Ich atme auf. Ein Kind wäre das letzte gewesen, was ich jetzt gebrauchen könnte. Antony hätte sowieso verlangt, daß ich es abtreibe. Ich mußte immer wieder an seine Erklärungen denken. An das Risiko. Für mich, aber auch für das Kind. Es auszutragen wäre folglich nicht in Frage gekommen. Was mir aber am meisten angst machte, war, daß Antonys Theorie zufolge eine Schwangerschaft der Beweis für meine Infizierung mit dem HIV-Virus gewesen wäre.

Damals glaubte ich noch felsenfest an die Sache mit dem Sperma: kein Sperma, keine Ansteckungsgefahr. Meine Unkenntnis, was die Übertragung des Virus betrifft, war erschreckend.

Meine Mutter weiß noch immer nichts Näheres über Antony. Sie stellt auch keine Fragen. »Du bist erschöpft, daher die Unregelmäßigkeiten in deinem Zyklus. Das gibt sich wieder.«

Mein Vater, der alle Hebel in Bewegung gesetzt hat, damit ich an dem Gymnasium in Rambouillet aufgenommen werde, droht mir nicht, sondern meint nur: »Das wäre doch schade, wenn du jetzt aufhören würdest. Die Entscheidung liegt bei dir, aber überleg dir gut, was du später einmal machen willst.«

Keine Ahnung. Ich bin total deprimiert. Ich warte. Ich sitze zu Hause herum und warte. Meine Eltern rufen in der Schule an: Ich litte an Depressionen und könne nicht mehr am Unterricht teilnehmen. Ich verbringe viel Zeit mit Farida, die ebenfalls nicht arbeitet. Wir unterhalten uns oft darüber, über Arbeit und Arbeitslosigkeit, über allgemeine Lustlosigkeit. Über meine Ängste und über Aids sprechen wir nicht.

Wenn Antonys Name fällt, dann nur im Zusammenhang mit Liebeskummer, mit einem dummen Streit. Farida glaubt fest daran, daß sich zwischen ihm und mir alles wieder einrenken wird. Ihr Glaube an die Macht der Liebe ist unerschütterlich.

In meinem Kummer fange ich an zu essen wie ein Scheunendrescher. Meine unerfüllte Liebe macht mich gefräßig.

Meine Periode habe ich immer noch nicht. Diesmal komme ich nicht um den Arztbesuch herum.

Mein Vater begleitet mich. Er wartet im Wartezimmer. Er weiß, daß ich in seiner Gegenwart nicht reden werde.

Unser Hausarzt kennt mich und meine Probleme von Kindesbeinen an. Er duzt mich.

»Bist du mit einem Mann intim gewesen?«

Ich erzähle ihm von Antony, von seiner Drogensucht, verschweige aber, daß er HIV-positiv ist. Mein Arzt ist sichtlich beunruhigt.

»Wir werden einen weiteren Schwangerschaftstest machen, mittels einer Blutuntersuchung, das ist zuverlässiger als eine Harnanalyse.«

»Ist gut.«

»Wenn du willst, lasse ich die Blutprobe auch auf HIV-Viren untersuchen. Eine reine Vorsichtsmaßnahme.«

Ich antworte nicht, ich sehe ihm nur in die Augen. Eine Einwilligung.

Könnte er doch in meinem Blick lesen, was ich nicht auszusprechen wage: Antony ist HIV-positiv, ich glaube, ich bin es auch.

Ich habe Angst. Vielleicht ahnt er etwas. Nach allem, was ich ihm über Antonys jahrelange Drogenabhängigkeit erzählt habe . . . Falls ich mich jedoch durch einen glücklichen Umstand nicht infiziert haben sollte, will ich mir wenigstens diese Schande ersparen.

Ich schäme mich nämlich entsetzlich. Ich liebe einen Jungen, der mir Schande macht. Ich schäme mich für meine Liebe. Ich schäme mich für mich selbst. Seit jener Juninacht, in der ich soviel Blut verloren habe, besteht mein Leben nur aus Schande und Demütigung.

Er ruft meinen Vater herein. »Sie muß morgen zur Blutabnahme ins Labor.«

Auf der Heimfahrt fragt mein Vater: »Wozu die Blutabnahme?«

»Eine Blutuntersuchung ist zuverlässiger als ein Urintest.«

Er weiß Bescheid, er hat mit meiner Mutter gesprochen. Mit mir nicht. Er versucht, mich zu beruhigen, aber darin war er noch nie gut. Mit seiner Tochter über Schwangerschaft und solche Dinge zu reden, ist schwierig für einen Vater. Aber er weicht dem Thema wenigstens nicht aus, und das rechne ich ihm hoch an.

Er liebt mich, und meine Mutter liebt mich auch. Warum kann ich nicht einfach diese Form von Liebe akzeptieren? Warum muß es unbedingt eine andere sein, eine gefahrvolle, die mich möglicherweise das Leben kosten wird?

»Das Ergebnis des Schwangerschaftstests liegt heute

abend vor. Rufen Sie einfach kurz an. Die serologischen Untersuchungen dauern etwas länger, ungefähr acht Tage.«

Noch am selben Tag bekomme ich meine Periode. Der Streß hat offensichtlich seine eigenen Gesetze.

Acht Tage in unbeschreiblicher innerer Anspannung. Ich habe eine Heidenangst, kann nachts nicht schlafen und werde tagsüber von einer schrecklichen Unruhe getrieben. Ich hoffe, das Ergebnis wird negativ sein, aber ich weiß, es ist positiv. Ich mache mir keinerlei Illusionen mehr und gebe dennoch die Hoffnung nicht auf. Dieser dauernde Zwiespalt zermürbt mich. Ich bin es leid, ein Fels zu sein, gegen den die Wellen branden. Eine Welle der Hoffnung, eine Welle der Verzweiflung, eine Welle der Hoffnung . . .

Schweigen müssen, alles in sich hineinfressen, nichts anderes tun können als warten, das zehrt an einem.

Ob meine Mutter etwas ahnt? Nein, an so etwas denkt nicht einmal sie. Mein Vater? Auch nicht, niemals. Ich werde ihn enttäuschen, ich bin die Schande in Person.

Anfang Oktober. Ich bin nach wie vor zu Hause, lese, sehe fern, treffe mich mit Farida. Wir besuchen uns abwechselnd. Ich habe ihr nur gesagt, daß der Schwangerschaftstest negativ war. Und daß ich verliebt bin. Sie will wissen, ob ich mit ihm zusammenziehen werde, wenn er mich auch liebt. Natürlich liebt er mich, sonst wäre ich doch nicht nach Marseille gefahren!

Was unsere Beziehung angeht, gebe ich mich so zuversichtlich wie irgend möglich. Ich will Farida nicht enttäuschen oder ängstigen.

Antony hat nichts mehr von sich hören lassen. Seit seinem letzten Anruf sind fast vier Wochen vergangen.

Der Telefonhörer klebt mir an der Hand.

»Die Untersuchungen dauern leider länger als vorgesehen, ein paar Tage müssen Sie sich noch gedulden. Wir werden Ihnen das Ergebnis zuschicken, das ist einfacher.«

Acht Tage, hatte mein Arzt gesagt, und jetzt brauchen sie noch eine Woche ... Ich bin völlig verzweifelt. Ob sie die Untersuchungen wiederholen, um ganz sicherzugehen? Steht vielleicht irgendwo in einer Akte bereits die Notiz: *Barbara Samson, HIV-positiv*?

Gainsbourg singt:

Der Countdown hatte begonnen,
Pech oder Wahnsinn, wer weiß das schon.
Eine Fahrt für einen allein, eine lange Reise ohne Wiederkehr.
Sorry Angel ...

Hypnose

Soline hat es mir später erzählt. Meine Mutter verlor nie ein Wort darüber. Der Umschlag mit den Untersuchungsergebnissen war nicht an Barbara Samson adressiert, sondern an Monsieur und Madame Samson. Meine Mutter öffnete ihn, als sie von der Arbeit nach Hause kam.

Weinend lief sie nach unten zu meiner Schwester.

»Soline, Soline, die Testergebnisse sind gekommen, ich glaube, Barbara hat Aids!«

»Was? Nun mal langsam, reg dich nicht auf, zeig mal her.«

Soline studierte den Bogen sorgfältig. »Positiv« war angekreuzt, aber was bedeuteten die Buchstaben und Abkürzungen daneben? Sie ahnte zwar, was es bedeutete – nämlich daß ich HIV-positiv war –, aber sie ließ sich nichts anmerken. Sie versuchte vor allem, meine Mutter zu beruhigen, riet ihr, mit dem Arzt zu sprechen. Vielleicht würde sich ja alles aufklären.

»Mach dich nicht verrückt, ich kann mir nicht vorstellen, daß sie Aids hat, das würde man doch sehen. Ruf den Arzt an, das wird das beste sein.«

Wie jedermann waren sie der Meinung, das würde man einem doch ansehen.

Meine Mutter war fassungslos. Es hat mir sehr weh getan, als ich später erfuhr, was für einen Schock die Nachricht ihr versetzt hatte. An jenem Abend hatten wir einen Termin beim Arzt, und meine Mutter ließ sich nichts anmerken. Als wüßte sie von nichts. Sie wollte mich nicht in

Panik versetzen und zwang sich zur Gelassenheit. Aber sie wußte es. Ich nicht.

Der Arzt will erst unter vier Augen mit mir reden. Meine Eltern warten draußen.

Das Beben ist noch weit, aber der Boden vibriert bereits unter meinen Füßen.

Der Arzt erklärt mir ganz ruhig, daß der Test positiv ausgefallen ist und ich folglich HIV-positiv bin.

Ich weine nie vor anderen Leuten. Auch jetzt nicht. Nicht in dieser Arztpraxis vor diesem Mann. Er redet weiter. Ich werde es wegstecken und seine Fragen beantworten. Zum einen überrascht mich das Ergebnis nicht, ich hatte damit gerechnet. Zum anderen will ich mir nicht anmerken lassen, wie weh es tut. Und außerdem werden gleich meine Eltern hereinkommen, und ich will nicht, daß sie mich weinen sehen. Bis zu einem gewissen Punkt habe ich mir die Schuld selbst zuzuschreiben, ich hätte wissen müssen, daß man sich beim Geschlechtsverkehr schützen muß. Aber was soll's, es ist nicht mehr zu ändern, Selbstmitleid hilft mir auch nicht weiter.

»Hast du es geahnt?«

»Nein.«

»Zu wievielen Männern hast du intime Beziehungen gehabt?«

»Nur zu einem.«

»Habt ihr euch geschützt?«

»Nein.«

»Du mußt ihm unbedingt Bescheid sagen, damit er einen Test machen läßt. Wenn er nicht weiß, daß er HIV-positiv ist – und das ist er offensichtlich, denn nur er kann dich infiziert haben –, kann er auch andere anstekken. Ruf ihn an, heute noch.«

Verrückt. Mit keinem Wort habe ich bisher erwähnt,

daß Antony HIV-positiv ist. Ich habe auch nichts über den Fortgang unserer Beziehung erzählt.

Der Arzt bittet meine Eltern herein und teilt ihnen ebenso ruhig wie mir das Ergebnis mit.

Zum erstenmal in meinem Leben sehe ich meinen Vater weinen.

Sie sitzen beide da, Mutter und Vater, und weinen.

Meine Mutter schaut mich an. Ich weiß auch nicht, warum, aber ich muß lachen.

»Findest du das zum Lachen?«

»Was soll ich deiner Meinung nach sonst tun, mir die Augen ausweinen?«

Diese Selbstbeherrschung, die ich immer und unter allen Umständen bewahren will, verleitet mich dazu, mich wirklich dumm zu benehmen. Niemandem ist zum Lachen zumute. Es war ja auch kein Ausdruck von Heiterkeit, sondern eine Abwehrreaktion. Die einzige, die ich in diesem Augenblick habe, während sich das Wort unablässig in meinem Kopf dreht, wie ein Karussell, das nicht mehr angehalten werden kann: HIV-positiv, HIV-positiv, HIV-positiv . . .

Der Arzt versucht, mir die wichtigsten Dinge zu erklären, spricht von T4-Lymphozyten, von Blutplättchen. Die Krankheit in technischen Daten. Ich verstehe nur die Hälfte.

Er ordnet eine weitere Blutabnahme zur Feststellung der T4-Rate und des gegenwärtigen Krankheitsstadiums an.

Wir können gehen.

Lösungen? Ich denke flüchtig darüber nach, ohne mich wirklich anzustrengen. Ich weiß nicht, was morgen sein wird, was ich machen werde. Ich weiß nur, daß ich so schnell wie möglich nach Hause will, in mein Zimmer, Musik hören und Antony einen Brief schreiben.

Auf der Heimfahrt herrscht Totenstille im Auto. Ich habe mich ganz klein gemacht auf der Rückbank und schaue zum Fenster hinaus. Es ist schrecklich.

Jemand, ich weiß nicht mehr wer, fragt:

»Willst du, daß wir es Joffrey und Soline sagen?«

»Natürlich, sie müssen doch Bescheid wissen. Soline wird es sich sowieso schon denken können. Sagt es ihnen, wann ihr es für richtig haltet. Soline ist nicht blöd, sie wird es verstehen. Wie Joffrey es aufnehmen wird, weiß ich nicht. Aber ich will es ihnen nicht sagen, das müßt ihr machen. Das ist euer Problem, nicht meins.«

Ich bin ganz schön frech, ihnen das so an den Kopf zu knallen. Schließlich ist es einzig und allein mein Problem. Aber ich habe nicht die Kraft, mich vor meine Schwester und meinen kleinen Bruder hinzustellen und ihnen ins Gesicht zu sagen: »Ich bin HIV-positiv, ich werde bald abkratzen.«

Wir haben nie über persönliche Dinge gesprochen. Und ich weiß, ich würde sofort anfangen, vom Sterben zu reden, alles in den düstersten Farben zu schildern, und das wäre nicht gut.

Meine Eltern können das besser. Ihnen hören meine Geschwister eher zu. Die Eltern können sie beruhigen. Ich bin dazu nicht fähig.

Ich schreibe einen Brief an Antony. Obendrüber Datum, Vorname, sonst nichts.

Ich habe einen Bluttest machen lassen, er ist positiv. Wir wissen beide, daß Du mich angesteckt hast. Wir haben schon einmal darüber gesprochen, ich will nicht wieder davon anfangen. Ich hoffe nur, daß Du Dich wenigstens mal bei mir meldest. Laß mich nicht allein in dieser beschissenen Situation. Ruf an oder schreib mir, wir müssen unbedingt über uns reden.

Ein kalter, unpersönlicher Ton. Einige wenige Sätze mit schwarzer Tinte auf einem kleinen karierten Blatt Papier.

Ihn darauf aufmerksam zu machen, daß er aufpassen soll, wenn er mit jemand anderen zusammen ist, scheint mir überflüssig. Das sollte er eigentlich selber wissen. Schließlich ist er seit zwei Jahren positiv.

Ich bilde mir nicht ein, die einzige Frau in seinem Leben zu sein. Ich will gar nicht wissen, ob er auch andere angesteckt hat, die Antwort liegt auf der Hand. Ich möchte mich nicht einmal als Opfer einer großen Liebe hinstellen. Mein Kummer ist auch so schon groß genug.

Zugeben, daß ich einen Verbrecher liebe? Ich habe eine wahnsinnige Wut auf ihn, ich könnte ihn umbringen. Ein Dreckskerl ist er, ein absoluter Scheißkerl. Auch das brauche ich ihm nicht zu schreiben. Er wird sich melden, ich weiß es. Er hat gar keine Wahl.

Ich bringe den Brief zur Post. Gehe durch die Straßen meiner Stadt, begegne Menschen. Gestern wußte ich zwar schon Bescheid, doch da lagen die Dinge noch anders. Heute habe ich das Testergebnis und bin damit offiziell auf die Anklagebank verwiesen worden.

»Barbara Samson, Ihnen wird vorgeworfen, HIV-positiv zu sein. Bekennen Sie sich schuldig oder nicht schuldig?«

»Schuldig.«

Die Urteilsvollstreckung? Findet nicht statt. Niemals. Ich weigere mich.

Von unserer ersten vergifteten Nacht an war ich dazu verurteilt, so zu sein wie er. Was hat er zu seiner Verteidigung vorzubringen?

Dummheit? Sträflicher Leichtsinn? Unwissenheit?

Waren seine sogenannten Vorsichtsmaßnahmen —

»Hab keine Angst, wenn ich nicht in dir komme, kann nichts passieren. Kein Sperma, kein Aids . . .« – auch völliger Quatsch?

Ja. Der Arzt hat es mir bestätigt. Die Ansteckung kann durch einen einzigen sexuellen Kontakt erfolgen.

Ich sehe überall Blut. Mir graut davor, ich kann kein Blut sehen. Ist eine blutende Jungfrau ein schönes Opfer?

Ich werde wahnsinnig. Ich hasse ihn. Warum bin ich zu ihm zurückgekehrt? Warum war ich so unglaublich gleichgültig und sagte mir: Was soll's, jetzt ist es sowieso schon zu spät? Unkenntnis . . .

Das ist das schlimmste. Niemand wird begreifen können, weshalb ich noch einmal zu ihm gefahren bin, weiterhin mit ihm geschlafen habe, obwohl ich da bereits wußte, daß er positiv ist. Ich verstehe es ja selbst nicht.

Der Briefkastenschlitz ist eine schmutzige Wunde. Das Geräusch des hineinfallenden Briefs tut ein kleines bißchen weh.

Adressiert ist er an denjenigen, der in das Krokodilheft schrieb:

Ich habe euch von dem Ungeheuer erzählt
und von der Prinzessin mit der schmiedeeisernen Seele,
die ihre Unschuld verlor.
Ob die Bestie sie von ihrem Kummer, von ihrer Verzweiflung befreit hat?
Vielleicht.
Hältst du dich für ein Ungeheuer?
Nein!

Zurück in Marseille

Ich habe den Brief am Montag eingeworfen. Am Mittwoch abend ruft Antony an. Wir haben gerade gegessen und sitzen im Eßzimmer. Im Fernsehen kommt irgendeine Serie. Interessiert mich nicht.

Meine Mutter nimmt den Hörer ab und sagt: »Für dich, Barbara.«

Ich nehme das schnurlose Telefon und gehe in mein Zimmer. Ein Mädchen mit südfranzösischem Akzent fragt: »Sind Sie Barbara? Einen Augenblick, da will Sie jemand sprechen.«

Erst kapiere ich nicht, was das soll, dann höre ich Antony »Hallo?« sagen. Er hat eine Bekannte gebeten anzurufen. Aus Angst, er könnte meine Eltern an der Strippe haben.

Er ist so high, daß er kaum sprechen kann.

»Was soll das, dieser Brief?«

»Ich hab' gedacht, das ist klar. Ich bin positiv, ich habe einen Test gemacht.«

Ich erkläre ihm die Sache mit dem Schwangerschaftstest und wie es danach weiterging.

»Du bist schwanger?«

Das beunruhigt ihn anscheinend am meisten. Er stellt die Frage gleich mehrmals, bis ich energisch werde:

»Nein, verdammt, ich bin nicht schwanger. Ich bin positiv, aber nicht schwanger!«

Er scheint beruhigt. »Ich habe deinen Brief heute morgen bekommen. Das hat mich glatt umgehauen, als ich das gelesen habe. Ich wollte dich gleich anrufen, aber ich habe nicht den Mut dazu gehabt. Na ja, dafür ruf' ich jetzt an . . . Ich wollte dir nur sagen, daß es mir leid tut, ich verstehe nicht, wie das passieren konnte.«

Er ist total verstört, der Ärmste, er kann sich das überhaupt nicht erklären und entschuldigt sich zehnmal in der Minute. Nach zwanzig Minuten reicht es mir.

»Du scheinst nicht gut drauf zu sein. Was treibst du denn so?«

»Ah, ich bin wieder in der Szene gelandet.«

»Und warum?«

Er erzählt mir von einer Freundin, mit der er zwei Jahre zusammengelebt hat. Er war wahnsinnig in sie verknallt, und er hat sie an die Nadel gebracht, sagt er. Sie stammte aus geordneten Verhältnissen und hatte, bevor sie ihn kennenlernte und sich in ihn verliebte, nie Drogen genommen. Er nahm damals alles, was er bekommen konnte, er dealte sogar oder klaute Geld für den Stoff, wenn es nicht anders ging. Zu guter Letzt fing sie auch damit an: erst ein Joint, dann Koks und zum Schluß Heroin. Nach dem ersten Schuß wurde sie süchtig. Zwei Jahre blieben sie zusammen, dann verließ sie ihn, weil sie es nicht mehr mit ihm aushielt.

»Im August, acht Tage, nachdem du von hier weggefahren bist, habe ich erfahren, daß sie an einer Überdosis gestorben ist. Ich konnte es nicht glauben, ich hatte einen Haß auf die ganze Welt, ich hab' mich deswegen sogar mit einem Kumpel geprügelt. Das war ein solcher Schock für mich, daß ich auch wieder angefangen habe. Ich kapier's einfach nicht. Ich mache mir die größten Vorwürfe. Ich habe sie umgebracht. Wenn ich nicht gewesen wäre, würde sie noch leben.«

»Ich verstehe deinen Kummer ja, aber das ist kein

Grund, wieder zu fixen. Damit hilfst du niemandem. Sie würde das bestimmt auch nicht wollen.«

Er läßt nicht mit sich reden, er ist völlig gefangen in seiner Drogenwelt. Und ich fühle mich mal wieder wie ein Schaf. Für ihn ist HIV-positiv zu sein etwas Alltägliches. Er lebt seit zwei Jahren damit und verliert praktisch nie ein Wort darüber. Daß ich es jetzt auch bin, ist für ihn uninteressant. Der Tod seiner ehemaligen Freundin trifft ihn viel mehr. Dafür fühlt er sich verantwortlich, aber für das, was mir passiert ist, nicht. Vielleicht, weil er sich mit dem Unabänderlichen, dem Tod, konfrontiert sieht. Solange man atmet, egal, ob positiv oder vollgedröhnt, boxt man sich irgendwie durch in dieser Scheißwelt, man tanzt auf dem Drahtseil und versucht möglichst lange oben zu bleiben ...

Ich hasse ihn und liebe ihn gleichzeitig noch immer. Wenn ich könnte, würde ich mit dem nächsten Zug nach Marseille fahren und ihn dort herausholen.

Ich habe niemanden mehr außer ihm. Niemanden, mit dem ich reden, niemanden, der mich verstehen könnte. Ich habe nur noch ihn, weil er wie ich ist. Zu zweit könnten wir es vielleicht schaffen, uns ein kleines Stück vom Glück ergattern.

Es ist wirklich idiotisch, was ich mir immer noch für Illusionen mache. Aber ich habe das Gefühl, ich könnte nie einen anderen lieben als ihn.

Und als er nach einer Stunde zum Abschied sagt: »Ich ruf' dich nächste Woche wieder an, ich hab' dir soviel zu sagen, wir müssen unbedingt miteinander reden«, da schöpfe ich neue Hoffnung, da beginne ich von neuem, an uns und unsere Liebe zu glauben.

Daß er sein kriminelles Verhalten nicht als solches erkennt, daß er keine Einsicht zeigt, ist unfaßbar. Dennoch spüre ich, wie unglücklich er im Grunde ist. Was für eine verfahrene Situation. Vielleicht kann ich doch noch etwas für ihn tun. Was soll ich sonst mit meinem Leben anfangen? Mich wieder ins Klassenzimmer setzen? Tanzen gehen? Flirten? Mich von einem Jungen anmachen lassen und ihm dann sagen: »Anfassen und küssen verboten, ich bin positiv?«

Ich will versuchen, mit ihm zu leben. Ich wünsche mir, daß die Liebe wieder aufflammt und uns ein neuer Anfang gelingt. Und daß es schön wird dieses Mal, einzigartig.

Das mag naiv sein, aber ich habe so sehr an ihn geglaubt, habe ihn so sehr geliebt. Außerdem fühle ich mich auch ein wenig mitschuldig. Wäre ich nicht so arglos gewesen . . . Ich habe ihn sogar getröstet: »Es ist nicht allein deine Schuld, ich bin genauso verantwortlich.«

Ich nehme ihn in Schutz. Ich mache mich lächerlich vor ihm und merke es nicht einmal.

Für ihn ist die Sache viel einfacher, er sagt sich: Sie hat mich doch angemacht, sie hätte ja bloß nein sagen müssen, wenn sie noch Jungfrau war. Jungs sind so. Wir haben einen einzigen Blick gewechselt, er auf dem Balkon, ich unter den Linden, und schon heißt es, ich hätte ihn angemacht. Am ersten Tag habe ich nein gesagt, warum nicht auch am zweiten? Ich habe alles mitgemacht, ohne zu protestieren. Er hat seine Joints in meiner Gegenwart geraucht, er hat lachend den Gebrauch von Kondomen abgelehnt, und ich habe dazu geschwiegen. Ich habe ihn genommen, wie er war.

Ich habe die Gefahr nicht erkannt. Aber auch eine Sünde aus Unwissenheit ist eine Sünde.

Barbara ist eine Sünderin.

Schuldbeladen und isoliert. Ich habe entsetzliche Angst.

Ich trage Gift in mir.

Mein Bruder kommt von der Schule nach Hause, das Gesicht schmerzlich verzogen.

»Was ist los? Fehlt dir was?«

»Ach, mir tut nur der Arm weh von diesem blöden Mist.«

»Was für ein blöder Mist?«

»Na, die Blutabnahme.«

»Sie haben dir Blut abgenommen? Wozu das denn?«

»Nicht nur mir, Papa und Mama auch. Wir sind heute morgen vor der Schule dagewesen. Soline wird es später nachholen, sie hat Vorlesung gehabt und konnte nicht weg aus Tours.«

»Und warum habt ihr das gemacht?«

»Keine Ahnung, der Doktor wollte es.«

Ein Aidstest.

Das geht mir ziemlich an die Nieren. Niemand hat mir etwas davon gesagt, weder meine Eltern noch unser Arzt. Vielleicht wollten sie mich nicht verletzen. Aber ich fühle mich elend. Persönlich verantwortlich.

Es geht um ihre Gesundheit, und falls tatsächlich ein Risiko für sie bestehen sollte, bin ich schuld daran. Ich wünschte, meine Mutter oder meine Schwester hätten mit mir darüber gesprochen.

Ich warte auf die Ergebnisse, genau wie sie. Meine Wäsche und mein Geschirr wasche ich von jetzt an separat; meine Zahnbürste und alles andere, was mit meinem Speichel in Berührung kommt, bringe ich in meinem Zimmer unter. Die größte Sorge bereiten mir die Gegenstände, die alle gemeinsam benutzen. Niemand hat seinen eigenen Teller, sein eigenes Glas, sein eigenes Besteck . . .

Seit einer Woche habe ich mein Zimmer kaum verlassen. Und ich habe wieder meine alten Eßgewohnheiten angenommen: »Nein, das schmeckt mir nicht, das ess' ich nicht, ich geh' wieder in mein Zimmer.« Gegen halb 2, wenn mir der Magen knurrt und alle aus dem Haus sind, mache ich mir etwas zu essen. Anschließend spüle ich das benutzte Geschirr ab, räume auf. Meine Eltern glauben, ich würde den ganzen Tag nichts zu mir nehmen. Daß mir das nicht schon früher eingefallen ist! Heute habe ich allerdings andere Gründe für meine einsamen Mahlzeiten, als ich damals in meiner Kindheit gehabt hätte ...

Ich weiß keine Einzelheiten über die Krankheit. Die Übertragung durch Blut ist klar, aber wie gefährlich ist Speichel? Was, wenn ich mir zum Beispiel mit der Gabel in den Gaumen oder in die Backe steche? Ich schaue den anderen beim Essen zu und versuche herauszufinden, wo die Risiken liegen. Um wirklich sicherzugehen, müßte man alles mit Chlorbleiche desinfizieren. Aber Chlorbleiche eignet sich nur für die Waschmaschine, nicht für die Spülmaschine.

Bei gemeinsamen Mahlzeiten, abends zum Beispiel, räume ich meinen Teller und mein Besteck selbst ab, statt zu warten, bis meine Mutter Teller auf Teller stapelt, das Besteck obendrauf legt und alles in die Küche trägt. Wortlos sehen mir die anderen zu. Wahrscheinlich wundern sie sich, was das Ganze soll.

Irgendwann fragt meine Mutter mich:

»Warum wäschst du denn deine Unterwäsche separat?«

»Mama! Du weißt doch, daß ich krank bin.«

»Und? Der Virus wird bei 60 Grad in der Waschmaschine abgetötet, da kann überhaupt nichts passieren. Wir hätten längst mit dir gesprochen, wenn irgendein Risiko bestünde.«

Sie meint natürlich nicht nur meine Unterwäsche, sondern auch das Geschirr, die Zahnbürste, das Handtuch, den Waschhandschuh, alles, was ich in mein Zimmer geschafft habe. Sogar meine Seife habe ich in eine extra Schachtel gepackt.

Eines Tages lasse ich ein halbes Stück Kuchen auf meinem Teller liegen. Und meine Schwester ißt es auf.

»Nicht!« rufe ich entsetzt. »Das darfst du nicht!«

»Und warum nicht?«

»Na, weil ich positiv bin. Man kann nie wissen . . .«

»Red keinen Stuß, Barbara. Du hast kein Aids, also geh mir nicht auf die Nerven, ich riskiere überhaupt nichts, wenn ich deinen Kuchen aufesse.«

Meine Schwester ist besser informiert als ich. Nicht nur sie rückt mir den Kopf zurecht, sondern auch meine Mutter, indem sie meine Wäsche wieder zusammen mit der der anderen in die Waschmaschine steckt.

Die Testergebnisse sind zehn Tage später da. Natürlich negativ; die Untersuchung war eine reine Vorsichtsmaßnahme unseres Arztes. Meine Schuldgefühle werde ich trotzdem nicht los. Ich trage das Gift in mir, folglich muß ich die andern davor schützen.

Noch habe ich nicht gelernt, damit umzugehen. Ich habe noch nicht den Mut gefunden, damit zu leben. Ich weigere mich, Aids zur Kenntnis zu nehmen. Was gar nicht einfach ist. Mir wird nämlich jetzt erst bewußt, daß alle Welt davon spricht. Im Fernsehen, im Radio, in Illustrierten, in zahllosen Büchern — überall ist die Rede davon.

Bisher war ich taub und blind. Ich las Gedichte, schrieb selbst welche, träumte von meinem Märchenprinzen auf seinem Pferd.

Jetzt gellt es mir praktisch täglich in den Ohren von all den Schreckensmeldungen. Vergessen nicht gestattet.

Ich würde gern alles darüber wissen und gleichzeitig am liebsten nichts.

Weißt du noch, Barbara? Es war ein so wunderschöner Sommertag.

»Schlechte Nachrichten, Barbara, ich liege im Krankenhaus. Ich habe vor drei Tagen eine Überdosis gespritzt. Ich bin total fertig, aber hierbleiben kann ich auch nicht. Ich bin auf Turkey, die Ärsche hier geben mir keinen Stoff . . .«

Was kann ich tun? Er ruft täglich an, beklagt sich über die schlechte Behandlung im Krankenhaus und die Entziehungserscheinungen.

Eines Morgens gegen 10 Uhr:

»Ich ruf' dich heute nachmittag gegen 2 wieder an, ich will versuchen, in der Kneipe hier nebenan Shit aufzutreiben.«

»Okay, versuch's.«

Was hätte ich ihm sonst sagen sollen? Wie könnte ich ihn daran hindern, sich ein Mittel gegen seine Angst zu beschaffen? Wer bin ich, daß ich ihm sagen könnte, was er zu tun und zu lassen hat?

Er ruft an diesem Tag nicht mehr an. Ich stelle mir die Straßen von Marseille vor, die Dealer, den Stoff, den er sucht und den er vielleicht in einer Spritze bekommen hat. Ich will nicht, daß er stirbt.

Am nächsten Tag gegen 18 Uhr klingelt das Telefon.

»Die haben mich aus dem Krankenhaus rausgeworfen, diese Schweine, weil ich gestern in der Kneipe war, um Shit zu besorgen. Ich hab' jemanden getroffen, der mir Koks rübergeschoben hat, ich hab' mir ordentlich was reingezogen, hinterher ging's mir total beschissen. Im Krankenhaus sagen sie, sie wollen das Theater nicht länger mitmachen, ich soll verschwinden. Aber ich weiß doch nicht wohin, ich bin krank, ich brauche eine Therapie . . .«

Er ist völlig fertig. Ich kann die Entscheidung des Krankenhauses verstehen. Er ist ja fast nie da, und wie er sich den Ärzten gegenüber benimmt, kann ich mir gut vorstellen. Da hat er eine Überdosis geschluckt, und drei Tage später besorgt er sich den nächsten Stoff. Was soll man da machen? Nichts kann man da machen.

»Du rufst nur an, wenn es dir schlechtgeht. Ich will dir ja helfen, wenn ich kann, aber von hier aus kann ich nichts für dich tun.«

»Könntest du nicht über Weihnachten herkommen? Das wäre super.«

Ich fuhr zu ihm. Er holte mich vom Zug ab. Er wirkte kaum verändert. Seine Haare waren ein wenig nachgewachsen, und er war dünner geworden.

Ich hatte mir den Beginn des neuen Jahres anders vorgestellt. In einem Monat würde ich meinen achtzehnten Geburtstag feiern. Dann bin ich endlich volljährig, hatte ich mich gefreut, und kann mit ihm zusammenleben, wenn ich möchte. Ich wartete auf ein Zeichen von ihm. Aber es kam nicht.

Am ersten Tag sahen wir fern und unterhielten uns über Belangloses. Er war inzwischen arbeitslos und sah sich beiläufig nach einem neuen Job um. Es lief nicht richtig zwischen uns. Manchmal zog er los und war stundenlang unterwegs. Um mich abzulenken, machte ich einen Schaufensterbummel. Unsere Beziehung war noch oberflächlicher geworden. Im Grunde hatten wir uns nichts zu sagen. Nicht einmal über unsere Krankheit haben wir gesprochen. Ich hatte die Untersuchungsergebnisse mitgebracht und zeigte sie ihm.

»Deine T4-Werte sind gut. Das ist prima, du bist überhaupt nicht krank.«

Das war alles. Wie es um seinen Gesundheitszustand bestellt war, wußte er nicht. »Alles okay, so wie immer.«

Damit konnte ich nichts anfangen.

Einmal habe ich seine Papiere durchwühlt. Ich weiß, das gehört sich nicht, aber ich hatte es satt, ich wollte endlich Genaueres wissen. Ich fand weder einen Krankenbericht noch irgendwelche Untersuchungsergebnisse. Allmählich fragte ich mich, ob er sich überhaupt ärztlich betreuen ließ. Als ich ihn unter dem Vorwand, seine Testergebnisse mit meinen vergleichen zu wollen, darauf ansprach, wehrte er ab:

»Wozu, ich kann dir auch so sagen, daß deine T4-Werte besser sind als meine. Ich pfeife auf den ganzen Schriftkram, ich weiß auch so, wie es mir geht.«

Keine wahrnehmbaren Zeichen der Krankheit. Nicht einmal nach dieser Überdosis. Er wirkte glücklich, zufrieden. Nein, glücklich ist das falsche Wort, eher heiter, gelassen. Mir war das unbegreiflich. Es ging ihm wirklich mies. Er hatte keine Arbeit, kein Geld, nahm weiterhin Drogen. Wie konnte er da gelassen sein?

Eines Tages wollte er sich Shit besorgen. Ich wartete ein wenig abseits auf ihn. Das Feilschen um den Preis ertrage ich nicht. Es war ein verrufenes Viertel, in dem wir uns befanden. Ein Typ kam vorbei und wollte mich anmachen. Ich reagierte nicht, sondern schaute einfach in eine andere Richtung. Plötzlich kommt Antony angerannt und beginnt auf den Kerl einzuprügeln. Der hat sich sofort verzogen.

»Wer war das? Was wollte er von dir?«

»Nichts, er hat bloß versucht, mich abzuschleppen. Völlig harmlos. Kein Grund, so einen Aufstand zu machen.«

»Den stech' ich ab, den Dreckskerl. Der wird dich nicht noch einmal dumm anquatschen. Du gehörst mir und sonst niemandem!«

Er hat den Mund schon immer ziemlich voll genommen, aber jetzt zieht er ein Messer hervor. Ich weiß nicht, ob er es tatsächlich benutzt hätte, aber er ist völlig außer sich, weil der Typ mich angesehen und mit mir geredet hat. Ich konnte das nicht für Liebe halten.

Ein andermal stellte er die Wohnung auf den Kopf.

»Wo ist mein Geld? Ich hab' sechshundert Francs aus dem Automaten geholt, und jetzt sind sie weg.«

»Bist du sicher, daß du das Geld noch hattest, als du nach Hause gekommen bist?«

»Ja, ziemlich. Ich bin zum Automaten, habe sechshundert Francs abgehoben, bin in den Bus gestiegen und hierhergefahren.«

»Vielleicht hast du es im Bus liegenlassen.«

»Bloß nicht! Das war alles, was ich für diesen Monat noch hatte. Was soll ich denn jetzt machen?«

Er fing an zu heulen und alles mögliche durch die Wohnung zu werfen. Damit er sich beruhigte, bot ich schließlich an, ihm etwas zu leihen.

»Ich hab' noch ein bißchen was übrig, das kannst du haben, bis du dein Geld wiederhast. Kannst du dir nicht von deinem Vater oder deinem Bruder was leihen?«

»Nein, ausgeschlossen. Ich will dein Geld nicht, ich will nicht, daß du meinetwegen in dieser Scheiße sitzt. Ich hab' die Schnauze voll, ich kann nicht mehr, alle pinkeln mich dauernd an, keiner liebt mich . . .«

Ich weiß nicht, ob die Geschichte mit den sechshundert Francs stimmte. Vielleicht hatte er sich das alles auch nur eingebildet. Wie auch immer, ich lieh ihm das Geld jedenfalls.

Wenn ein Arzt sich weigerte, ihm das gewünschte Amphetamin zu verschreiben, drehte er fast durch. Er hat auch Rezepte gefälscht. Als der Apotheker dahinterkam, bekam er die Pillen natürlich nicht mehr. Da rastete er aus und hätte beinah die Apotheke zerlegt.

Das war nicht mehr der Antony, wie ich ihn kannte. Ich sehe ihn noch vor mir, als wir damals im Büro der Klinikleiterin saßen und sie ihm mit Entlassung drohte. Er zog alle Register seines Könnens, um sie umzustimmen, wurde aber nicht aggressiv, denn er wußte, dann hätte er verspielt.

»Sie müssen das doch verstehen, Madame«, sagte er in weinerlichem Ton. »Ich war sechs Monate im Krankenhaus, ich bin erschöpft, ich muß mich unbedingt erholen. Können Sie es wirklich verantworten, mich in den Dschungel dort draußen zurückzuschicken? Das wäre unmoralisch, absolut gefühllos.«

Der jammernde, verlogene Drogensüchtige schimmerte manchmal noch durch. Und gelegentlich kehrte er zu der alten Gewohnheit des Beschwatzens und Bettelns zurück ...

Ich weiß jetzt, warum er sagt »Es tut mir leid« anstatt »Verzeih mir«. Er ist nie für irgend etwas verantwortlich gewesen, er hat nie die Schuld bei sich gesucht. Ein Drogensüchtiger sieht sich selbst nicht als verantwortliches Wesen.

Mitleid hat sich eingestellt. Und die Liebe ersetzt.

Den Haß auch. Wenigstens eine Zeitlang.

Dann, eines Tages, als er irgendwelche Papiere durchsah, fiel ein Foto heraus. Es zeigte ihn mit einem Mädchen auf einem Motorrad.

»Hübsch die Kleine, oder?«

»Ja, das ist sie.«

Ich war verletzt. Er schien stolz auf das Foto, heftete es sogar an die Wand. Ich verstand nicht, warum. Ich hatte ihm jede Menge Fotos von mir geschenkt, und er hat nicht ein einziges aufgehängt.

»Wer ist das?«

»Ich hab' sie vor ungefähr einem Monat kennengelernt. Eine blöde Kuh, stinkreich, aber glaubst du, die borgt dir auch nur zehn Mäuse? Von wegen!«

»Ich kann sie verstehen. Sie leiht dir sicher deshalb nichts, weil sie weiß, wofür du es brauchst.«

»Das kann ihr doch egal sein. Wenn ich Zeit für sie habe, ist sie happy, aber wenn ich mir zehn Piepen borgen will, macht sie ein Riesentheater!«

Wenn er sagt »zehn Piepen«, dann waren es in Wirklichkeit wahrscheinlich fünfhundert. Er war sauer auf sie, weil sie Geld hatte und ihm nichts gab.

Sie haben miteinander geschlafen. Bestimmt ohne Kondom. Er hat mir weder ihren Namen gesagt, noch sonst irgend etwas über sie erzählt. Eine Kleine, die auf ihrem Geld saß, mehr war sie nicht für ihn.

»Sei vorsichtig, Antony . . .«

»Ich weiß schon, was ich tue.«

Was soll man darauf antworten?

Falls ich die junge Frau auf dem Motorrad – oder irgendeine andere seiner Freundinnen – eines Tages treffen sollte, werde ich zu ihr hingehen und ihr, notfalls auch in gehässigem Ton, sagen: »Paß auf, er ist positiv, und ich bin's auch.«

Was er mir angetan hat, ist so mies, daß ich es niemandem, nicht einmal der letzten Schlampe, wünsche.

Verachtung schleicht sich ein. Aber nicht genug.

Eines Morgens geht er sehr früh aus dem Haus. »Es wird spät werden heute, mach dir keine Sorgen. Ich muß ein paar Dinge erledigen.«

Ich bleibe auf bis spätnachts und warte. Er kommt nicht. Ich bin ganz allein und werde langsam nervös. In manchen Vierteln ist nachts ziemlich was los, Straßenbanden ziehen draußen herum und machen Randale. Es gibt Typen, die gegen jede Tür hämmern, bloß um die Leute zu ärgern.

Ich habe wirklich Angst gehabt. Angst um ihn. Am nächsten Tag gegen 14 Uhr ist er wieder da. Mit einer Stinkwut im Bauch.

»Die Bullen haben mich kassiert.«

»Warum das denn?«

»Ich war auf dem Arbeitsamt. Da wollte mich so ein

Idiot davonjagen, es gab eine Schlägerei, die Bullen sind gekommen und haben mich mitgenommen. Ich hab' die Nacht im Bau verbracht.«

Er zeigt mir seine Handgelenke: rötliche Druckstellen von den Handschellen.

»Diese Arschlöcher! Sie wollen mir kein Geld mehr geben und mich aus ihrer Kartei streichen! So eine Schweinerei, und alles bloß wegen irgendwelcher Scheißpapiere!«

Er wollte zurück zum Arbeitsamt und dem Kerl, der die Polizei gerufen hatte, eins auf die Nase geben. Es gelang mir, ihn davon abzuhalten.

Zwei Tage später kommt er und sagt, er hat einen Job. Als Schildermaler, glaube ich. Ein Halbtagsjob. Irgendwo in der Nähe von Marseille. Er ist ganz aufgedreht.

Nach ungefähr zwei Wochen bin ich wieder nach Hause gefahren. Er brachte mich zum Zug, und ich sagte beim Abschied:

»In vierzehn Tagen werde ich achtzehn. Endlich volljährig! Ist das nicht toll?«

»Ja. Ich werde versuchen, dran zu denken, und dir eine Karte schicken.«

Die Zeit mit ihm war eine Zeit ohne Freude, ohne echten Kummer gewesen. Eine Art Hypnose.

Liebe, Haß, Mitleid, Verachtung ... Was würde die Oberhand gewinnen? Eine seltsame Phase war das. Mir kam es so vor, als wären wir die einzigen Menschen auf der Welt: er und ich und meine Familie. Als wäre nichts mehr wirklich von Bedeutung. Mein Leben verlief wie maschinengesteuert. Die Maschine veranlaßte mich zwar, auf Fragen zu antworten, hinderte mich aber daran, die richtigen zu stellen.

Hinderte mich an der Flucht und am Vorwärtskommen.

Wohin hätte ich auch fliehen sollen?

Kino

Ich gehe allein. Alle schwärmen von Collard. Collard im Fernsehen, Collard in den Illustrierten, überall Collard. Aids als Star. Collard sieht gut aus, aber ich kenne keinen seiner Filme.

Ich sehe mir die Nachmittagsvorstellung von *Les Nuits fauves*, Wilde Nächte, an. Allein, ohne jemandem etwas davon zu sagen. Noch befinde ich mich in jener düsteren Phase, in der ich mich weigere, über Aids zu sprechen. Meine Weigerung wird von der Familie akzeptiert; auch sie erwähnt das Thema nicht. Das geht so weit, daß meine Eltern keine Fragen stellen über diesen Antony, der das Leben ihrer Tochter ruiniert hat. Joffrey kann es noch nicht verstehen, weil er zu klein ist. Aber Soline. Was denkt sie von mir? Von mir und meinem Aids?

Collard ist ein von den Medien geschaffener Mythos. Angeblich ist er der erste, der ohne falsche Scham über Aids spricht, der die Dinge beim Namen nennt.

Für mich ist es ein Schock. Ich begreife das nicht.

Da ist erst einmal der Held, der am Ufer der Seine anderen Typen in den Mund pinkelt. Ich finde das widerlich. Und das gefällt den Leuten?

Phantastisch, einmalig soll er sein, Wortführer einer ganzen Generation, und er stellt sich hin und zieht sich eine Linie Koks rein? Wenn das der neue Kultstar, der neue Typ Mann sein soll, dann wird er nicht weit kommen.

Er setzt seine Phantasien filmisch um, das ist sein gutes Recht. Aber die Sadomasoparty ist echt zuviel. Phantasie hin oder her, mir ist unbehaglich zumute, ich frage mich, wo ich bin, was da eigentlich abläuft. Das da ist nicht meine Welt. Nichts könnte weiter von meiner Wirklichkeit als HIV-Positive entfernt sein.

Bleibt die Liebesgeschichte zwischen Laura und Jean. Zwischen Barbara und Antony.

Sie ist siebzehn Jahre alt und verliebt. Er ist positiv, weiß es auch, verschweigt es ihr jedoch zunächst. Das kommt mir alles so bekannt vor. Ich muß weinen, weil die Schlüsselmomente meines kurzen Lebens noch einmal vor mir ablaufen.

Meine wilde Nacht war blutrot. Und um bei den Farben zu bleiben: Ich war weiß. Jungfräulich weiß. Die Wilden in dem Film stammen von einem anderen Planeten als das Mädchen aus Chartres, das zu einem düsteren Verführer auf einem Balkon emporschaut.

Und da ist Laura, die in Tränen ausbricht, überhaupt nichts mehr versteht, depressiv wird, und er ist nicht da, er treibt sich in fremden Betten herum und schnauzt sie nur an. Ich kann fast nicht mehr hinschauen, so weh tut es.

Zu guter Letzt schlafen sie miteinander. Sie will nicht, daß er ein Kondom benutzt. Und dann gesteht er ihr, daß er HIV-positiv ist. Weil er sich schuldig fühlt und weil er sie, wie ihm inzwischen klargeworden ist, liebt. Soll sie ihm verzeihen, ist es das, was er möchte?

Zuerst ist sie voller Haß, aber dann überwindet sie ihre Angst. Als sie sich das nächste Mal lieben und er ein Kondom benutzen will, sagt sie sinngemäß: »Nein, ich mag kein Plastik zwischen uns, es ist mir egal, was passiert.«

Sie geht bewußt das Risiko einer Ansteckung ein, weil sie bei ihm bleiben möchte.

Ich kann das verstehen. Was sie da tut, ist ein großer Liebesbeweis. Doch diese Liebe ist eine todgeweihte Liebe. Liebe, die den Tod sucht.

Das ist krank. Aber ich habe ja das gleiche gemacht. Fast. Der Unterschied ist nur der, daß ich nichts wußte.

Hätte Antony mir vorher etwas gesagt, hätte ich Angst bekommen, aber wozu gibt es Kondome? Ich glaube, ich hätte welche gekauft. Ganz bestimmt sogar. Ich hätte, verliebt oder nicht, anders gehandelt als Laura. Ich wäre trotz allem bei ihm geblieben, aber ich hätte mich geschützt. Das wäre für mich ein echter Liebesbeweis gewesen, denn ich hätte ihn nicht zurückgestoßen.

Les Nuits fauves ist meiner Meinung nach bedenklich. Der Film ist zu negativ, die Verzweiflung überwiegt. Auf der anderen Seite kommt er aber auch einem Schrei nach Hilfe gleich, denn der Held ist unglücklich, deprimiert und versteht nicht, was mit ihm passiert. Er muß seinen Schmerz mit jemandem teilen. Ich kenne dieses Gefühl von Ausweglosigkeit. Ich habe niemanden außer Antony, den ich lieben kann. Meinen Henker. Bis in den Tod mit ihm verbunden. Das Opfer kann nur seinen Henker lieben.

Wenn ich den Film früher gesehen hätte, wer weiß . . . Nein, es hätte wohl nichts geändert. Der Wissende hat die Macht. Der Unwissende findet sich in die ihm zugedachte Rolle. Und ich wußte von nichts. Als er mich damals fragte: »Warum, bist du positiv?«, da empfand ich die Frage als Beleidigung. Ohne sie näher zu analysieren. War das eine besondere Form von Lässigkeit dem Sexuellen gegenüber? Der Mann, der alles kennt, den nichts mehr erschüttern kann, der sich nicht scheut, offen zu reden? War es ein gedankenloser Scherz oder eine persönliche Beleidigung? Eine Anspielung auf mein Sexualleben? Aber ich hatte kein Sexualleben. Ich hatte nie zuvor ein Kondom gesehen. Oder einen nackten Mann.

Ich kann verstehen, daß sich viele junge Leute von Collard angezogen fühlen. Wir wissen, wie das ist, werden sie sich sagen, wir kennen das Gefühl der Hoffnungslosigkeit, der Sinnlosigkeit. Über Kondome und Aids wissen wir im Grunde genausowenig wie Laura, aber wir würden gern mehr darüber erfahren.

Vielleicht halten sie ihn deshalb für so genial. Er nimmt kein Blatt vor den Mund, er bricht mit Tabus, gleichgültig, ob es sich um Koks, Sadomaso, Homosexualität handelt. Für manchen jungen Menschen mögen das geheime unbefriedigte Sehnsüchte sein. Collard erfüllt sie, indem er sie auf der Leinwand darstellt; er schert sich nicht im geringsten um die Meinung der Leute. Wahrscheinlich ist der Film deshalb ein solcher Erfolg geworden.

Aber warum seine Hauptfigur zum Helden hochstilisiert wird, verstehe ich nicht. Er ist eher ein Anti-Held. Er ist feige und schwach, Laura gegenüber, der Gesellschaft gegenüber, seiner Immunschwächekrankheit gegenüber.

Hinzu kommt, daß Aids eine gewisse Faszination ausübt. Ein Mann, der HIV-positiv ist und so einfühlsam, so treffend darüber sprechen kann, wirkt auf andere unwiderstehlich. Hervé Guibert hat großartige Bücher zu diesem Thema geschrieben. Dennoch hat man ihn nicht zum Wortführer einer ganzen Generation erklärt. Er war zu gewissenhaft, zu ernst, zu behutsam.

Die jungen Leute haben es satt, ständig zu hören: »Tu dies, tu jenes.« Von allen Seiten werden sie bedrängt, mit zahllosen Problemen müssen sie sich herumschlagen. Für manche ist das Leben schon gelaufen, noch bevor es richtig begonnen hat, sie haben keine Zukunft, sie wissen nicht, was sie am nächsten Tag machen werden. Es ist verdammt hart, in eine ungewisse Zukunft zu blicken. Ich wußte auch nicht, was ich tun sollte. Und meine Eltern konnten mir nicht helfen. Eltern ... Sie lieben und beschützen uns auf ziemlich unbeholfene Weise.

Vielleicht hätte ich früher auch zu denen gehört, die den Film genial finden. Ich bezweifle es zwar, aber sicher bin ich mir nicht. Heute jedoch weiß ich, wovon ich rede. Und wie ich über ein solches Verhalten denke. Für mich ist es Feigheit. Die Feigheit eines Kriminellen, der den Tod in sich trägt und die Macht hat, ihn weiterzugeben, während er sich hinter der Maske des einsamen, unverstandenen Dichters und hinter Gefühlen wie Liebe versteckt. Und dann kommt ein Mädchen wie ich, ein Mädchen, wie es unglücklicher nicht sein könnte. Céline, das düstere Genie, hat einmal gesagt: »Vielleicht streben wir unser ganzes Leben lang nach nichts anderem als dem größtmöglichen Kummer, damit wir zu uns selbst finden, ehe wir sterben.«

Ich begreife nicht, warum die Leute den Film in den Himmel heben. Ich sitze in dem dunklen Saal und weine. Tief erschüttert, mit verquollenen Augen verlasse ich das Kino.

Die Medien übertreiben, sie kennen kein Maß. Sie sind so fasziniert von dieser Scheißkrankheit, daß sie eine Riesenshow daraus machen.

Das Mädchen im Film ist noch einmal davongekommen. Ende der Geschichte und Applaus.

Nicht so bei mir.

Sie hat noch einmal Glück gehabt, weil die Schönheit des Films es verlangt. Zwar hat die Liebe ihr eine tiefe Wunde geschlagen, und sie ist gezeichnet fürs Leben, aber sie ist nicht zum Sterben verurteilt.

Ich schon.

Das gewählte Ende erlaubt es Collard, sich von seinen Schuldgefühlen zu befreien. Er ist kein Held, aber er ist auch kein Dreckskerl mehr. Ihm ist vergeben worden.

Dreckskerl Antony. Ich bin sicher, er schämt sich seiner Krankheit. Er weicht dem Thema aus, so gut er kann. Er versteht ja selbst nicht, wie das passieren konnte. Er behauptet, ein Mädchen hätte ihm das »angehängt«. Er vergißt die Spritzen. Und warum benutzt er nach wie vor keine Kondome? Will er den todbringenden Helden spielen, so wie der Typ im Film? Welches Mädchen liegt in diesem Augenblick in seinen Armen und schwebt nichtsahnend in tödlicher Gefahr? Was ist das für ein ungeheuerlicher Egoismus, hinter dem sich die Männer verstecken?

Antony ist dreißig geworden und deprimiert deswegen. »Ich könnte echt ausflippen, wenn ich daran denke. Dreißig! . . .«

Ein Mann.

Collard gehört der selben Generation an. Sie haben beide ein Leben ohne Mut, ohne Achtung geführt und nur an ihre Freiheit, ihr Vergnügen, ihr Verlangen gedacht. In meinen Augen hat das mehr mit Willensschwäche zu tun als mit irgend etwas anderem.

Sie tun mir leid, auf Zelluloid und im wirklichen Leben. Ich bin ihnen ähnlich geworden. Das ist das einzige, was wir gemein haben.

Das und, ich will ehrlich sein, dieses wahnsinnige Verlangen nach Liebe. Wir sind so gierig danach, daß wir uns zu den größten Dummheiten verleiten lassen. Zu der Dummheit schlechthin in diesem ausgehenden Jahrhunderts.

Februar '93. Ich bin achtzehn geworden. Allmählich geht es mir wieder ein wenig besser. Ich bin beim Arbeitsamt gewesen und habe mich um einen Job bemüht. Nichts. Hin und wieder, für einen Nachmittag oder einen Abend, mache ich den Babysitter bei Freunden und Nachbarn.

Außer den nächsten Angehörigen weiß niemand Bescheid. Ich verstecke mich und bin mir dessen auch bewußt.

Ich würde es meinen Freundinnen gern sagen, aber ich weiß nicht wie. Ihnen von Antony, meinen Abenteuern in

Marseille, dem Rauschgift zu erzählen, war mir leichtgefallen. Aber über die Krankheit zu sprechen, das schaffe ich nicht. Sie fragen sich sowieso, wie ich mich mit so einem Typen wie ihm einlassen konnte. Sie kennen mich, deshalb erscheint ihnen die ganze Geschichte so unbegreiflich. Aber mir tut es gut, darüber zu reden. Mit meinen Eltern oder Geschwistern kann ich das nicht.

Mein Leben ist in verschiedene Fächer unterteilt. Da ist einmal das Fach Familie: Antony gleich HIV-positiv — fertig. Dann das Fach Freundinnen: Antony gleich drogensüchtig, arbeitslos, asozial — fertig. Dann das Fach Farida: Hier ist Antony weder drogensüchtig noch positiv, sondern verschwommen, unscharf wie ein doppelbelichtetes Foto — eine Bilderbuchliebe. Und dann ist da noch das Fach Ich, wo sich alles vermischt und, je nachdem, mit wem ich mich unterhalte, wieder auseinanderläuft.

Meine Freundinnen bereiten sich auf ihre Abschlußprüfungen vor, und ich habe den totalen Frust. Ich möcht sie nicht enttäuschen. Farida hat sich oft ein Beispiel an mir genommen, hat immer großes Vertrauen zu mir gehabt. Sie findet es nicht unbedingt gut, was ich mache, aber sie würde gern so sein wie ich. Sie glaubt, ich wäre innerlich gefestigt. Sie glaubt, die Jungs liefen mir nach. Sie hätte gern ein bißchen was von mir. Wenn ich ihr die bedrückende Wahrheit sagen würde, müßte ihr Traum wie eine Seifenblase zerplatzen. Ich will sie nicht enttäuschen. Ich weiß, wie sensibel sie ist, ich habe Angst, sie könnte daran zerbrechen.

Auf der Straße habe ich das Gefühl, mir steht »HIV-positiv« auf der Stirn geschrieben. Ich bin unfähig, dazu zu stehen. Das ist das schlimmste. Das allerschlimmste.

»Für dich, Barbara.«

Ich nehme das Telefon mit in mein Zimmer, schließe die Tür. Er ist am Apparat.

»Es wäre schön, wenn du mich besuchen kämst.«

Zeit habe ich genug. Er braucht mich, sonst würde er mich nicht darum bitten. Ich kenne diese Augenblicke, in denen man so mutlos, so deprimiert ist, daß man mit jemandem reden muß, der einen auch ohne viele Worte versteht. Ich fühle mich genauso einsam mit meiner unsichtbaren Krankheit. Zum Sterben einsam.

»Ich frage meine Eltern und ruf' dich dann zurück.«

Meine Mutter ist nicht sonderlich begeistert. »Was willst du denn noch bei ihm, Barbara? Hat er dir nicht schon genug angetan?«

»Ich bin gern mit ihm zusammen, Mama, das wird mir bestimmt guttun. Sag ja, bitte!«

»Und wenn ich nein sage? Fährst du dann trotzdem?«

»Ja. Deshalb wäre es mir lieber, du erlaubst es.«

»Das ist mir auch lieber, als wenn du einfach abhaust.«

Unser Verhältnis ist nach wie vor merkwürdig zwiespältig. Ich habe ihr nie Näheres über Antony erzählt. Sie weiß nur, daß wir beide HIV-positiv sind und daß er mich angesteckt hat. Sie hat zwar ein paarmal versucht, mich auszufragen – »Was macht er eigentlich beruflich? Wie alt ist er? Wo wohnt er?« –, aber ich antworte jedesmal: »Ich mag jetzt nicht darüber sprechen. Mach dir keine Sorgen, ich komme schon klar mit ihm, er tut mir nichts.«

Ich hatte keine Ahnung, wie besorgt sie um mich war. Ich dachte, ich hätte ihr soweit alles verheimlicht, daß sie beruhigt sein konnte. Aber durch Schweigen und Verheimlichen kann man eine Mutter nicht beruhigen. Das ist mir inzwischen klargeworden.

Und noch etwas ist mir klargeworden: wie wichtig es ist, miteinander zu reden. Man darf nicht warten, bis die Tochter siebzehn oder achtzehn ist, um mit ihr über Sex,

Jungs, und all die Dinge zu reden, über die sie gern etwas wissen möchte, sich aber nicht zu fragen traut.

Alles wie gewohnt: Meine Eltern bringen mich zum Zug, Antony holt mich in Marseille am Bahnhof St. Charles ab. Auf dem einen Bahnsteig werde ich geliebt, bin ich sicher und geborgen. Auf dem anderen — was erwartet mich da?

Er hat sich nicht verändert, ist noch genauso mager. Abgespannt sieht er aus. Aber er ist guter Dinge. Wir haben uns am Telefon praktisch schon alles gesagt, trotzdem stellt er Fragen über Fragen. Es gibt nicht viel zu erzählen. Das Übliche.

Mir brennen die wirklich wichtigen Fragen auf der Zunge. »Warum bin ich hier? Warum wolltest du, daß ich komme? Wie soll es mit uns weitergehen? Wie geht es dir gesundheitlich?« Aber ich traue mich nicht, sie zu stellen.

Er küßt mich auf den Mund, nimmt meine Reisetasche. Im Bus setzen wir den inhaltslosen Dialog fort. »Und? Erzähl doch mal.« — »Da gibt's nicht viel zu erzählen. Und bei dir, Antony?« — »Durchwachsen.«

Er hat seinen Job geschmissen und ist von neuem arbeitslos. Er bezieht Arbeitslosengeld. Die Wohnung hat er nicht gewechselt. Es stehen jetzt mehr Möbel drin, sie ist richtig hübsch eingerichtet.

Es ist Sonntag, ein wunderschöner Tag.

Hand in Hand, wie ein richtiges Pärchen, bummeln wir durch die Stadt. Das ist das erstemal, daß er sich in der Öffentlichkeit so verliebt zeigt.

Er lacht und schenkt mir einen Anhänger, ein großes Kreuz. Ich trage solche Sachen ganz gern. Ich habe es im Vorbeigehen in einer Auslage bewundert, und er hat es mir gekauft. Ich bin glücklich.

Ein kleines Bistro, zuckersüßer Pfefferminztee auf dem Tisch.

Montag. Alles vorbei. Ein Typ betritt das Café, in dem wir sitzen, Antony sieht ihn, steht auf. Da stürzt sich der andere schon auf ihn und schlägt ihm mit der Faust ins Gesicht. Es kommt zu einer Schlägerei. Antony schießt das Blut aus der Nase. Die Gäste verlassen eilig das Lokal. Tische werden umgeworfen, Stühle fliegen durch die Gegend.

Draußen steht ein Mädchen und wartet. Plötzlich höre ich sie schreien: »Paß auf, er blutet! Der Typ ist krank, denk dran!«

Ich starre sie verblüfft an. Woher weiß sie das? Ich will mit ihr reden.

»Ist das dein Freund? Was ist denn überhaupt los? Worum geht's hier eigentlich?«

»Das ist doch ein Arschloch, eine Drecksau ist das! Er hat ja unbedingt mit ihr schlafen müssen . . .«

»Was meinst du damit?«

»Mir reicht's, ich hol' die Bullen.«

Sie läuft weg, ohne ein weiteres Wort. Drinnen haben sie aufgehört, aufeinander einzudreschen, der Unbekannte verschwindet, und ich rufe Antony aufgeregt zu:

»Komm schnell, sie hat die Polizei gerufen.«

Sein T-Shirt ist voller Blut. Wir machen uns aus dem Staub wie Diebe.

»Was hat das zu bedeuten, Antony? Erklär es mir.«

»Da gibt's nichts zu erklären. Eine Weibergeschichte. Ich hab' echt die Schnauze voll von diesen Ärschen. Ich muß schnell zu einem Kumpel, mir eine Knarre besorgen. Den knall' ich ab, diesen Scheißer, ich weiß, wo er wohnt, das kann er nicht mit mir machen!«

»Reg dich wieder ab. Ich versteh' das alles nicht!«

»Du gehst nach oben und wartest auf mich. Gib mir die Schlüssel, und mach dir keine Sorgen, wenn ich heute nacht nicht nach Hause komme. Ich glaube, du fährst besser wieder heim. Aber da reden wir morgen noch mal drüber.«

Er läßt mich allein. Ich wollte eine Erklärung, ich habe sie bekommen: eine Weibergeschichte.

Ich habe wenig Lust, nach zwei Tagen schon wieder nach Hause zu fahren. Die Reaktion meiner Eltern kann ich mir vorstellen: »Was ist los, ist es aus mit der großen Liebe?«

Ich frage mich, woher dieses Mädchen von seiner HIV-Infektion weiß. Mir hat er erzählt, niemand, nicht einmal sein Vater, wüßte davon. Ich verstehe das nicht. Das hat mich mehr schockiert als das mit der »Weibergeschichte«.

Ich stopfe das T-Shirt in eine Plastiktüte und werfe es in den Müll. Es ist so voller Blut, daß ich gar nicht erst versuche, es zu waschen.

Am Abend ist er wieder da. Er hat Angst vor der Polizei. Diese Geschichte mit der Knarre war bloß Angeberei, glaube ich.

»Es ist nichts passiert, keine Sorge. Ich bin bei einem Kumpel gewesen. Er hat gemeint, wir sollten dem Macker die Fresse polieren, aber wir haben es dann doch bleibenlassen. Ich bin total erledigt.«

Die Stunden vergehen. Er schläft. Ich nicht. Er hat begriffen, daß ich verstanden habe. Keine weitere Erklärung nötig.

Ich will auch gar keine Einzelheiten wissen. Die Sache mit der anderen muß in den vergangenen drei, vier Monaten, irgendwann nach meinem letzten Besuch, passiert sein. In der Nachttischschublade habe ich ein angebrochenes Päckchen Kondome entdeckt. Das spricht für sich. Aber wenigstens schützt er sich jetzt. Oder besser gesagt, sie. Immerhin etwas.

Was mache ich eigentlich hier? Ausnahmsweise weiß ich eine Antwort darauf: Ich helfe ihm.

Am nächsten Morgen begleite ich ihn ins Krankenhaus. Er hat bei der Schlägerei etwas abbekommen, die Wunde muß genäht werden. Er nutzt die Gelegenheit und bittet um Tabletten. Da er Entzugserscheinungen hat und völlig von der Rolle ist, verschreibt der Arzt ihm Tranquilizer.

Draußen vor der Apotheke schluckt er die ganze Pakkung, zwanzig oder dreißig Tabletten auf einmal. Er ist benommen, schläft aber nicht ein. Wenn ich mit ihm rede, ihm einen Schubs gebe, schreckt er zusammen und geht weiter. Eine Unterhaltung zu führen, dazu ist er allerdings nicht in der Lage. Seine Gesten sind fahrig, unkontrolliert, er bewegt sich im Zeitlupentempo.

Ich kann ihn in diesem Zustand nicht allein lassen. Er zieht durch die Stadt, ich an seiner Seite. Er trifft sich mit irgendwelchen Typen, will sich Shit besorgen, ein paar Sachen organisieren. Er trinkt Bier. Wir laufen und laufen.

Er ist total abgerutscht. Ich frage mich, ob ich irgend etwas tun kann, um ihm wieder auf die Beine zu helfen. Ist er überhaupt noch fähig, sich in die Gesellschaft einzufügen? Wie kann man unter solchen Umständen an eine gemeinsame Zukunft denken? Und doch ist er im Augenblick Teil meiner Zukunft. Ich will ihn verstehen. Ich bin ja genauso verstört, genauso verunsichert. Ich kann ihn jetzt nicht im Stich lassen. Ich kann nicht.

Die Zeit vergeht. Er ist zärtlicher. Er hat sich mit Hasch für die ganze Woche eingedeckt.

Das Wochenende steht vor der Tür, und er hat schon wieder keinen Stoff. Er will Pillen. Die letzte Schachtel hat er gerade geschluckt. Auf einem alten Rezept, das er schon einmal gefälscht hat, ändert er Anwendungsdauer und Dosis.

»Komm, wir gehen in die Stadt und holen die Tabletten.«

In der ersten Apotheke will man ihn nicht bedienen. In

der zweiten, der dritten, der vierten auch nicht. Diese vergeblichen Bittgänge zerren an den Nerven. Er tut mir leid, er tut mir weh. Ich leide. Ich kann ihm nicht helfen. Die Leute, an denen wir vorübergehen — das kleine Mädchen, das einen Schokoriegel mampft, die alte Frau in Schwarz mit der bunten Einkaufstasche, der Mann vor dem Hutgeschäft —, diese Leute sind alle normal. Sie können in jede Apotheke gehen und Aspirin oder irgend etwas anderes verlangen, weil sie ein korrektes Rezept haben. Das von Antony ist schlecht gefälscht, schmuddelig, zerknittert — hoffnungslos.

Ich gehe jedesmal mit hinein. Obwohl ich mich im Hintergrund halte, sehen die Leute natürlich, daß ich zu ihm gehöre. Einem Drogensüchtigen. Was mögen sie von mir denken? Wenn ich die Kraft hätte, würde ich ihnen zurufen: »Helft ihm doch, er ist krank. Wenn ihr ihm die Tabletten nicht gebt, wird er ... er wird ... ich weiß auch nicht, ich habe Angst, Angst um ihn.«

Überall verneinendes Kopfschütteln. Allmählich wird er sauer. »Das gibt's doch nicht, das kann doch nicht sein, ich brauch' das Zeug!«

Vor der fünften Apotheke: »Geh du rein. Meine Fresse gefällt denen anscheinend nicht.«

»Was soll ich denn sagen? Ich bin nicht krank, die sehen doch, daß das Zeug nicht für mich sein kann.«

»Sag, du willst es für deinen Freund, er kann nicht selber kommen, weil er krank ist und im Bett liegt, was weiß ich! Erfinde irgendwas! Verdammte Scheiße, ich brauch' das Zeug!«

Mir ist gar nicht wohl zumute. Aber ich tue, was er von mir verlangt.

Hinter dem Ladentisch eine Frau und ein Mann in weißen Kitteln. Sie mustern den Fetzen Papier, sehen dann mich an.

»Wofür brauchen Sie das? Was fehlt denn Ihrem Freund?«

»Ich weiß auch nicht genau, es geht ihm nicht gut, er liegt im Bett, ich soll das nur für ihn besorgen.«

»Nein, tut mir leid, wir können Ihnen die Medikamente nicht geben, das Rezept, das Sie da haben, ist zu ungenau.«

Ich werde nicht auf der Stelle abgefertigt, mit mir reden sie immerhin. Aber sie lassen sich nicht für dumm verkaufen.

Wie eine Drogensüchtige sehe ich wirklich nicht aus. Vor seinen Freunden pflegt Antony gern zu prahlen: »Barbara, die hat Klasse, die kommt überall rein, kein Problem.«

Er benutzt mich. Zum erstenmal zieht er mich in seine Drogengeschichten hinein, von denen ich sonst nichts mitbekommen soll.

Wir sind seit über zwei Stunden unterwegs, haben praktisch jede Apotheke in der Stadt abgeklappert. Ohne Erfolg. Während ich drinnen mein Glück versuche, geht er draußen auf und ab und raucht eine Zigarette nach der anderen. Im besten Fall bekomme ich zu hören:

»Das haben wir im Moment leider nicht vorrätig, aber wenn Sie vielleicht heute abend oder morgen noch einmal vorbeikommen könnten?«

Nach ich weiß nicht wievielen ablehnenden Antworten habe ich genug. »Hör mal, Antony, das klappt nie. Die sind ja nicht doof.«

»Warte, ich weiß noch eine. Die blicken das nicht, du wirst sehen, die geben uns alles, was wir wollen. Los, komm schon.«

»Nein, jetzt ist Schluß. Sieh dir das Rezept doch an, man könnte meinen, du hast es aus dem Müll gefischt. Außerdem hast du zu viele Packungen draufgeschrieben, das nimmt dir keiner ab. Geh zu einem Arzt. Laß dir ein neues Rezept ausstellen.«

»Ich hab' keine Lust, so einen Wichser für nichts und wieder nichts zu bezahlen. Außerdem kriegst du die Pillen nicht von jedem.«

»Versuch's. Häng dich ans Telefon, ruf einen an und erklär ihm dein Problem.«

»Ich krieg' doch auf die Schnelle keinen Termin.«

»Dann gehen wir eben einfach in die Praxis, warten, bis die Sprechstunde vorüber ist, und fangen ihn ab. Wir erklären ihm die Lage, er stellt dir ein Rezept aus, und die Sache ist erledigt.«

»Und wovon soll ich das bezahlen? Ich hab' keine Kohle mehr. Versuch's doch noch mal, ein einziges Mal noch! Bitte!«

Zwiespalt der Gefühle. Einerseits schäme ich mich für das, was ich da tue, andererseits wünsche ich mir genau wie er nichts sehnlicher, als daß ich die verdammten Tabletten bekomme, damit endlich Ruhe ist. Ich mag nicht mehr lügen.

Er wird zunehmend nervöser, gereizter. Für ihn scheint es um Leben oder Tod zu gehen. Die zwanzig Pillen oder mehr, die er heute morgen geschluckt hat, reichen nicht. Er raucht einen Joint nach dem anderen und hat noch immer nicht genug.

Es ist drückend heiß, und wir haben den ganzen Tag praktisch nichts gegessen. Ich bin verschwitzt, meine Beine sind schwer wie Blei. Es war nicht richtig, mich auf diese Geschichte einzulassen. Ich bin fast schon soweit, mich mit ihm zu identifizieren. Das ist ein Fehler.

»Mir reicht's. Mach, was du willst, aber das nächste Mal gehst du selber rein und fragst.«

Die letzte Apotheke. Er kommt mit hinein. Seine Hände zittern. Ich gebe der jungen Frau das Rezept. Sie geht nach hinten, um es ihrem Chef zu zeigen. Und plötzlich sehe ich, wie Antony sich eine Spritze geben läßt, bezahlt und hinauseilt. Die Tabletten bekomme ich natürlich nicht.

»Hast du sie? Egal. Ich hab' eine bessere Idee.«

»Wozu brauchst du die Spritze?«

»Ganz einfach, ich werde mir einen Schuß setzen.«

»Du bist ja verrückt! Nachdem du schon zwanzig Tranquilizer eingeworfen hast, willst du noch drücken? Warum gehen wir nicht zu einem Arzt? Das wäre doch das beste.«

»Laß mich in Ruhe. Warte im Bistro auf mich.«

Er geht zu einem Kumpel, und weil der ihn gut kennt, gibt er ihm auf seine Zusage, das Geld am nächsten Tag vorbeizubringen, ein Gramm.

Es ist 5 Uhr nachmittags und noch immer furchtbar heiß.

Erst will er sich eine öffentliche Toilette suchen – bei Fixern sehr beliebt. Aber entweder sie sind besetzt, oder man muß ein Zwei-Francs-Stück einwerfen. Zu guter Letzt gibt er es auf. Er kenne einen ruhigen Ort, sagt er. Ich folge ihm.

Wir steigen eine kleine Steintreppe vor einem größeren Gebäude hinauf. In der Gasse herrscht kaum Verkehr.

Ich setze mich auf eine Stufe und schaue ihm fasziniert bei seinen Vorbereitungen zu. Das habe ich bisher nur im Kino gesehen. Merkwürdig, ich habe den Eindruck, das kann alles nicht wahr sein, er wird es nicht wirklich tun, das bin nicht ich, die ihm dabei zusieht. Doch nicht ich!

Er hat eine Flasche Mineralwasser gekauft. Jetzt holt er einen kleinen Löffel hervor, schüttet das Rauschgift hinein, gibt ein paar Tropfen Wasser dazu und erhitzt das Ganze mit seinem Feuerzeug. Nach ein paar Sekunden ist die Mischung fertig und er zieht die Spritze auf. Ich frage mich, wie seine Reaktion aussehen wird. Wird er zusammenbrechen? Lachen? Einschlafen?

»Sieh nach, ob jemand kommt.«

Ich schaue mich um. »Nein, niemand.«

»Okay. Und jetzt nimm mein Handgelenk und drück ganz fest zu, ich hab' sonst nichts zum Abbinden.«

»Nein, kommt nicht in Frage. Ich will nicht einmal mit ansehen, wie du dir den Schuß setzt, ich hab' einen Horror vor Spritzen. Du mußt dir schon was anderes einfallen lassen.«

Er wird böse, ich auch.

»Das kannst du nicht von mir verlangen, Antony! Mach, was du willst, aber ich werd' dir bestimmt nicht dabei helfen!«

Er versucht unbeholfen, sich die Nadel in den Arm zu stechen. Ich sehe, daß er es nicht schafft, wenn er sich den Arm nicht abbindet. Ich gebe ihm mein Halstuch und gehe dann ein paar Stufen hinunter.

»Ruf mich, wenn du fertig bist.«

Es dauert höchstens zehn Sekunden.

»Du kannst wieder raufkommen, Barbara, ich bin fertig.«

Ich drehe mich um und sehe, wie er die Spritze an die Wand wirft. So ein Idiot! Will er die Spritze etwa da herumliegen lassen?

»Das geht doch nicht, du mußt sie wegwerfen! Wenn jemand drauftritt?«

Er hört mich nicht. Was geht ihn die Ansteckungsgefahr an? Was geht ihn überhaupt etwas an? Ich hebe die Spritze auf und suche einen Mülleimer.

Ich beobachte mich dabei, während mir Bilder durch den Kopf gehen: die Spritze, der Stoff, der Löffel, die Apotheken, die Ablehnung und die Verachtung der Leute. Was hat das alles für einen Sinn, wenn er sich an jeder Straßenecke Drogen beschaffen kann? Ich war dabei, ich war Zeuge des Grauens, und jetzt suche ich einen Abfalleimer.

Ich setze mich wieder neben ihn auf die Treppe. Er gibt mir mein Halstuch zurück und dreht sich dann einen Joint. Er wirkt ganz ruhig. Ist das alles? denke ich. Mehr passiert nicht?

Den berühmten Trip habe ich mir immer ganz anders vorgestellt.

Er stammelt: »Hat nicht lang gedauert, oder? Siehst du, alles halb so wild, mir geht's phantastisch. Und du wärst fast ausgeflippt deswegen . . .«

Solchen Unsinn redet er.

Dann fallen ihm plötzlich die Augen zu, noch während er sich den Joint dreht. Da bekomme ich Angst. Irgend etwas stimmt nicht. Ich habe noch nie erlebt, daß er Hasch verschwendet hätte.

Ich stoße ihn mit dem Ellbogen an, er kommt wieder zu sich, rollt das Papier zwischen den Fingern.

Und dann sackt er unvermittelt zusammen. Ich habe keine Ahnung, was ihm fehlt, woher soll ich denn wissen, welche Wirkung dieses Scheißzeug hat! Ich versuche, ihn aufzurichten, aber er ist zu schwer, ich habe das Gefühl, ich müßte ein Haus stützen.

Ich lasse ihn auf den Boden gleiten.

Panik.

Sein Kopf fällt nach hinten, Speichel läuft ihm aus dem Mund, sein Gesicht ist ganz fahl. Er stöhnt leise.

Irgend etwas ist nicht in Ordnung. Er kriegt kaum noch Luft.

Ich rede mit ihm, schüttle ihn, aber er reagiert nicht, er öffnet nicht einmal die Augen. Ich will ihm die Lider nach oben schieben, um die Pupillen zu prüfen. Als ob ich etwas davon verstünde!

Nichts. Ich kann nichts erkennen. Seine Lippen beginnen sich blau zu färben.

Eine Überdosis. Er hat sich eine Überdosis gespritzt! Er wird sterben!

Ich schüttle ihn wieder, kräftiger diesmal, schlage ihm ins Gesicht, schütte ihm den Rest Mineralwasser über den Kopf.

Was muß ich tun? Großer Gott, was muß ich tun?

Unten geht eine junge Frau vorbei. Sie hört mich weinen.

»Was haben Sie denn? Kann ich Ihnen helfen?«

»Meinem Freund geht es sehr schlecht, ich weiß nicht, was mit ihm los ist.«

»Soll ich Hilfe holen?«

»Wenn Sie den Notarzt anrufen könnten? Ich weiß nicht, was ich tun soll, ich bin nicht von hier, ich weiß nicht einmal, wo wir hier sind.«

»Bleiben Sie ganz ruhig, ich bin sofort wieder da.«

Sie eilt davon. Nach einer Weile kommen zwei Männer vorbei. Sie steigen die Treppe hinauf, fragen, was passiert ist. Der eine beugt sich über Antony.

»Der hat sich eine Überdosis gedrückt.«

Er scheint sich auszukennen. Er gibt mir Anweisungen, die ich genau befolge: Ich drehe Antony auf die Seite, massiere ihm die Brust, mache Mund-zu-Mund-Beatmung. Die beiden schauen schweigend zu, wie ich mich mit ungelenken Bewegungen abmühe.

»So ist es gut. Nicht aufhören. Der Notarzt kommt sicher gleich. Ich wünsche dir nur, daß er so lange durchhält und nicht noch auf dem Weg ins Krankenhaus stirbt . . .«

Nach ein paar Minuten gehen sie weiter.

Ein Alptraum. Ein Alptraum am hellichten Tag, im Sonnenschein, mitten in einer Stadt, in einem Häusermeer, in dem jede Menge Leute wohnen. Aber ich bin allein. Ganz allein.

Die junge Frau kommt zurück. Der Rettungsdienst sei gleich da. Ich bedanke mich. Auch sie geht weiter.

Tausend Gedanken schwirren mir durch den Kopf. Warum hat er das getan? Warum hat er gerade mir das angetan? Ich hatte ihn doch gewarnt. Warum haben sie ihm nicht seine Pillen gegeben? Warum bin ich nur hergekommen? Warum bin ich nicht gleich wieder nach Hause gefahren? Er wird sterben. Was soll ich nur tun? Wie soll ich das seinen Eltern beibringen? Ich kenne seine Familie ja gar nicht. Und was werden meine Eltern sagen? Was soll ich dem Notarzt erzählen? Die Polizei kommt bestimmt auch. Hätte ich ihn doch nur daran gehindert, sich den Schuß zu setzen!

Die Zeit verrinnt unendlich langsam.

Endlich trifft der Rettungswagen ein. »Und Sie? Wer sind Sie?« — »Seine Freundin.« — »Sie sind aus Marseille?« — »Nein, ich bin nur für ein paar Tage bei ihm zu Besuch, ich komme aus der Nähe von Paris.« — »Wissen Sie, woher er das Rauschgift hat?« — »Ja, von einem Freund.« — »Kennen Sie seinen Namen? Seine Adresse?« — »Nein, keine Ahnung, das müssen Sie ihn fragen. Ich kann Ihnen wirklich nicht helfen.« — »Und Sie, fixen Sie auch?« — »Nein! Ich nehme keine Drogen!«

Er sieht mich ganz komisch an. Er glaubt mir nicht.

»Hier, schauen Sie sich meine Arme an! Oder veranlassen Sie meinetwegen eine Blutprobe, dann werden Sie schon sehen, daß ich die Wahrheit sage! Ich bin nicht süchtig.«

Aber was mache ich dann hier bei diesem Fixer? Diese Frage stellen sie sich vermutlich. Sogar ich frage mich das inzwischen.

Allmählich fängt mein Verstand wieder an zu funktionieren. Ich zeige Reaktionen.

Unterdessen ist Antony ärztlich versorgt worden. Er kann aufstehen und, gestützt von einem Helfer, sogar gehen. Aber er stößt ihn von sich, taumelt auf mich zu.

»Nein, lassen Sie mich, sie wird mich stützen. Hauen Sie ab, ich will nicht, daß Sie mir helfen . . .«

Um den Rettungswagen hat sich ein Kreis von Neugierigen gebildet. Alle starren uns an, tuscheln. Eine Sauerstoffmaske auf dem Gesicht, klammert sich Antony an meinen Arm. Eine völlig absurde Situation.

Im Wagen werde ich nach seinem Namen, seiner Adresse, seinem Beruf gefragt.

In der Notaufnahme des Krankenhauses kümmert sich sofort das Pflegepersonal um ihn. Ich warte. Und fange hemmungslos zu weinen an. Fünf Minuten später eilt eine Schwester im Laufschritt auf mich zu.

»Mademoiselle, Mademoiselle, kommen Sie schnell, Ihr Freund will sich nicht helfen lassen, er bedroht uns, Sie müssen ihn beruhigen!«

Antony ist wie von Sinnen. »Laßt mich in Ruhe, ihr Ärsche«, brüllt er. »Kommt mir ja nicht zu nahe! Ich will keine Spritze, habt ihr verstanden?«

Da das Rauschgift nicht medikamentös abgebaut, seine Wirkung nicht verringert werden kann, wollen sie ihm eine Injektion zur Stärkung der Herztätigkeit geben. Aber er wehrt sich mit Händen und Füßen dagegen.

»Ihr werdet mir alles kaputtmachen!« schreit er aus voller Kehle. »Ich bin mitten auf dem Trip, ihr werdet mich nicht da rausreißen, verpißt euch!«

Die Schwestern lassen mich mit ihm allein.

»Versuchen Sie, ihn zur Vernunft zu bringen. Wir kommen in fünf Minuten wieder. Und wenn er sich dann immer noch dagegen sträubt, soll er eben krepieren.«

»Antony, hör mir zu, bitte . . .«

»Du darfst das nicht zulassen! Sie wollen mir weh tun, das darfst du nicht zulassen, Barbara . . .«

Wie ein kleines Kind. Wie ein Fünfjähriger, der Angst vor der bösen Krankenschwester mit der Spritze hat.

Nach einer halben Stunde habe ich ihn überredet. Die Injektion wirft ihn nieder. Er schläft nicht, aber er liegt regungslos auf dem Bett. Plötzlich reißt er die Augen auf und fragt:

»Wo sind wir hier?«

»Im Krankenhaus.«

Er kann sich an nichts erinnern. Ich schildere ihm kurz das Wichtigste.

»Komm, laß uns nach Hause gehen, ich will nicht hierbleiben, ich bin todmüde.«

»Das geht nicht, Antony. Du mußt die Nacht über hierbleiben. Zur Beobachtung.«

»Nein, nein, keine Überdosis mehr, mir reicht's. Ich bleib' nicht hier. Daheim erhol' ich mich viel besser.«

Ich rufe die Nachtschwester.

»Er will nach Hause. Was soll ich machen?«

»Wir können ihn nicht zwingen hierzubleiben. Wenn er gehen will, soll er gehen. Sonst fängt er womöglich wieder an zu randalieren. Ich möchte das Pflegepersonal nicht gefährden, das werden Sie sicher verstehen.« Aufgebracht fügt sie hinzu. »Ich habe wirklich keine Lust, mich von einem solchen Idioten schikanieren zu lassen! Wenn er gehen will, bitte, ich werde ihn nicht daran hindern.«

»Gibt es irgend etwas, was ich für ihn tun kann?«

»Nein, nichts. Lassen Sie ihn schlafen, und morgen früh werden Sie ja sehen, ob er's überlebt hat oder nicht. Mehr kann ich Ihnen auch nicht sagen.«

Kalt, knapp, deutlich. Sie ist froh, wenn sie ihn los ist.

Ich kann sie verstehen. Wieviele solcher Typen mag sie in einer Woche, an einem Tag hier sehen?

Ich schäme mich, mit ihm zusammenzusein. Aber ich kann ihn in diesem Zustand nicht allein lassen. Ich fühle mich für ihn verantwortlich. Ich erinnere mich, wie er einmal anrief und sagte: »Ich liege im Krankenhaus, ich hab' eine Überdosis gespritzt, hilf mir, ich weiß nicht mehr weiter!«

Dieses Mal bin ich da. Fünfmal hat er sich schon eine Überdosis gespritzt, und jedesmal Glück gehabt: Jedesmal war zufällig jemand in der Nähe. Heute bin ich da. Ich bringe ihn zum Taxi und bezahle die Fahrt nach Hause; ich helfe ihm die Treppen hinauf in die Wohnung und bringe ihn zu Bett; ich mache ihm etwas zu essen.

Er schläft. Er schnarcht. Ich lausche auf seinen Herzschlag, beobachte das Flattern seiner Lider.

Plötzlich ist er häßlich. Ein kranker, kümmerlicher, kläglicher Typ, der schöne Antony. Haltlos, noch im Schlaf.

Wahrheiten

Ich habe die ganze Nacht um sein Leben gebangt.

Am nächsten Morgen gegen 10 wacht er auf. Ich bin schon früh aufgestanden. Ich sitze am Tisch und schreibe Briefe. Harmlose Briefe, verlogene Briefe.

Er hat Kopfweh und ist wacklig auf den Beinen, aber er lebt.

»Danke. Du hast mir das Leben gerettet. Vielleicht kann ich mich eines Tages revanchieren . . .«

Ich antworte nicht. Ich höre ihm zu und denke: Du hast mein Leben kaputtgemacht, wie willst ausgerechnet du es retten?

Am Abend teile ich ihm mit, daß ich nach Hause fahren werde.

»Du hast recht, ich kann dich nicht zwingen hierzubleiben.«

Einen Tag lang ist er lieb, aufmerksam, zärtlich. Wie ein verliebter Mann.

Aber der Bruch ist da. Ich sehe ihn so, wie er wirklich ist, nehme wahr, wie er sich mit hängenden Schultern und krummem Rücken auf den Stuhl am Tisch lümmelt, unmanierlich ißt, an den Fingernägeln kaut. Verglichen mit ihm komme ich mir manchmal übertrieben vornehm vor. Damenhaft, etepetete. Dabei habe ich mich nie anders benommen.

Antony ist es völlig egal, was für einen Eindruck er auf andere macht. Andere Leute interessieren ihn nicht. Ich habe oft gedacht, es läge an mir, ich sei überempfindlich.

Jetzt erkenne ich plötzlich, daß er überhaupt keine Manieren, keine Erziehung hat. Keine Achtung vor seinen Mitmenschen. Ich lege die Füße auf den Tisch, lasse mich vollaufen oder fixe, wenn mir danach ist, ich stelle meine Bude auf den Kopf — na und?

Er ist widerwärtig. Widerwärtig, aber anziehend, ein Poet aus Leidenschaft.

An dem Abend zeigt er mir ein Spiralheft.

»Schreiben war schon immer meine große Leidenschaft. Hier, lies, ich habe wieder etwas für dich geschrieben.«

Ich werde mich in mein Gehirn zurückziehen,
Ich werde die Welt, die Menschen, den Tod vergessen,
Ich werde alles vergessen, und ich werde ein anderer werden.
Ich sage euch das, weil der Wandel bereits begonnen hat,
Er begann an einem blauen Sonntag.
Ihr müßt wissen, sie ist wunderschön.
?
Antony.

Am Montag vormittag ist er irgendwo in der Stadt unterwegs. Ich packe meine Koffer. Das Gedicht vom Abend zuvor geht mir nicht mehr aus dem Kopf. Irgendwie kommt es mir bekannt vor. Und plötzlich dämmert es mir. In Chartres bin ich in einer Buchhandlung einmal auf ein Buch von Jim Morrison gestoßen, dem Rockstar der siebziger Jahre, der in einem Pariser Hotel an einer Überdosis starb. Ein Mythos. Antonys Idol. Ich warf einen Blick hinein. Starke, packende Texte, die mit dem ersten Wort ins Herz trafen, geschrieben von einem übersensiblen Menschen auf der Suche nach dem Sinn des Lebens. Ich kaufe mir das Buch. Am Abend machte ich es mir auf meinem Bett bequem und fing an zu lesen. An irgendeiner Stelle dachte ich: Komisch, das kommt mir bekannt vor, das muß ich schon mal irgendwo gelesen haben, vielleicht in einer Illustrierten. Ich kaufe zu der Zeit ziemlich viele Illustrierte. Aber ich kam nicht drauf. Ich erinnere mich genau an den Titel: *Fernes Arden.*

Auch in Antonys Regal stehen Jim Morrisons Bücher: *Wilderness, Herren und neue Geschöpfe, Fernes Arden . . .*

Beklommen schlage ich einen der Bände auf. Ich habe nicht alles gelesen, diese Art von Literatur macht mich depressiv. Deshalb habe ich auch versucht, Antony andere Autoren nahezubringen, ihn aus seiner von Drogen und von Tod beherrschten Welt herauszureißen. Musset und Shakespeare haben ihm gut gefallen. Dafür habe ich durch ihn Rimbaud entdeckt.

Ich blättere die Bücher durch. Da! Da ist der Text, den ich gesucht habe. Bis zur letzten Zeile: *Ihr müßt wissen, sie ist wunderschön.*

Ich hole Antonys Heft, lese die Verse, vergleiche sie mit denen aus dem Buch. Die Texte sind identisch. Bis auf das Fragezeichen, das er unter jedes seiner Gedichte setzt, und seinen Namenszug am Schluß.

Er hat mich belogen. Ich höre ihn noch: »Die Texte stammen alle von mir, ich schreibe Gedanken auf oder auch Geschichten, die ich mehr oder weniger so erlebt habe, oder ich halte Begegnungen fest . . .«

Schwindel. Nichts als Lüge.

Ich sehe in den anderen Büchern nach. Sämtliche Texte stammen von Jim Morrison. Da und dort hat Antony zwei, drei Wörter verändert, um den Versen eine persönliche Note zu geben. Sogar die Rechtschreibfehler hat er übernommen!

Er hat Wort für Wort abgeschrieben. Ich weiß noch, eines Abends im Sanatorium, er saß am Schreibtisch, und ich lag auf dem Bett. Er sagte: »Ich werde ein wenig schreiben, ich fühle mich inspiriert heute abend.«

Nach einer Dreiviertelstunde war er fertig. Er hatte kein aufgeschlagenes Buch vor sich liegen. Er muß die Texte auswendig gelernt und dann aus dem Gedächtnis niedergeschrieben haben, daher auch die Rechtschreibfehler und die fehlende Zeichensetzung. Und er war so stolz darauf. »Wie findest du es? Ist es gut? Verstehst du, was ich sagen will?«

Ganze Abende, im Sanatorium fast jeden Abend, haben wir damit zugebracht, über seine Texte zu diskutieren, sie zehn-, fünfzehn-, zwanzigmal zusammen zu lesen.

Armes kleines Mädchen, warum hast du dich darin eingesperrt, was hast du in dieser Geschichte zu suchen? Du machst dich zur Wärterin deines eigenen Gefängnisses . . .?

Unter jedem Text steht sein Name.

Ich entdecke auch die drei Meter große Frau . . . Willst du mich?

Ich bin wütend, gekränkt, enttäuscht. Das letzte Band zwischen ihm und mir ist zerrissen. Die Wunde ist tief, häßlich und schmerzhaft. Ein Dieb ist er. Ein schäbiger Dieb. Er hat Wörter gestohlen, Gedichte, Empfindsamkeit, Liebe.

Irgendwann habe ich ihm erzählt, daß ich mir das Buch von Jim Morrison gekauft habe. Er hat es also gewußt. Ich habe später noch andere gekauft, und er hat nie, nicht ein einziges Mal, die Quelle seiner Gedichte auch nur erwähnt. Er hat einfach weitergemacht. Das ist wirklich der Gipfel.

Jetzt begreife ich auch, wieso der Unterschied zwischen seiner geschriebenen und seiner gesprochenen Sprache so gewaltig ist. Alles andere ist also auch Lüge. Er hat nie in seinem Leben eine Uni besucht. Er hat nie das Abitur gemacht. Entweder ist er ein gewohnheitsmäßiger Lügner oder ein krankhafter. Hat er tatsächlich geglaubt, er könnte mich auf Dauer täuschen?

Der Junge mit dem Buch in der Hand, auf diesem verfluchten Balkon . . . Mein Gott, dieses Bild war der Auslöser für so vieles! Ich fand es rührend, sein ungewöhnliches Talent, seine niedergeschriebenen Gedanken über die Liebe. Auch das war ein Grund, weshalb ich mich zu ihm hingezogen fühlte.

Schmiedeeiserne Jungfrau . . . Irgendwo spricht Morrison von einer schmiedeeisernen Jungfrau. So hat Antony mich einmal genannt . . .

Er kommt. Ich sage nichts. Ich warte.

Er hat mir auch Gedichte nach Chartres geschickt. Den Brief habe ich zwar nicht dabei, aber ich erinnere mich genau an den Wortlaut des einen Textes. Er beginnt mit »Man ist nicht vernünftig, wenn man siebzehn ist«. Auch den habe ich gefunden. In einem Gedichtband mit umgeknickten Ecken. Baudelaire, Flaubert . . . und Rimbaud. *Man ist nicht vernünftig, wenn man siebzehn ist.* Die Seite ist gekennzeichnet. Antony hat die Gedichte, die er abschrieb und mir schickte hat, sorgfältig ausgesucht. Eselsohren bei einem so schönen Band – pfui, das ist nun wirklich nicht fein . . .

Ich las das Gedicht und mußte grinsen. Bravo, Rimbaud, das ist wirklich wunderschön, dafür mag ich dich noch viel mehr . . . Ich lachte, obwohl mir nicht danach zumute war.

»Und? Was hast du heute gemacht?«

»Och, ein bißchen gelesen.«

»Ja? Was denn?«

»Ich hab' mir eins von deinen Büchern geborgt, du hast doch hoffentlich nichts dagegen?«

»Aber nein, was mir gehört, gehört auch dir. Wir teilen doch alles, das solltest du langsam wissen.«

Ich zeige ihm das Buch.

»Eine gute Wahl. Phantastische Gedichte, nicht wahr?«

»Ja, vor allem die von Rimbaud. *Man ist nicht vernünftig, wenn man siebzehn ist* gefällt mir besonders.«

»Ja, das mag ich auch. Eins meiner liebsten.«

Ich sehe ihn an, mit einem Gesichtsausdruck, der besagt: Willst du mich auf den Arm nehmen?

Ob er vergessen hat, daß er es mir, mit seinem Namen versehen, geschickt hat? Ich bin fassungslos. »Ja, mir geht's genauso«, antworte ich lahm.

Ich schlage das Spiralheft auf und halte ihm den ersten Text unter die Nase. »Das hat Morrison geschrieben.«

»Ja, stimmt.«

»Und warum schreibst du dann deinen Namen drunter, so als ob du es verfaßt hättest? Das stammt nicht von dir, sondern von Morrison.«

»Schon, aber das ist mein Heft. Ich schreibe das für mich, also schreibe ich auch meinen Namen drunter . . .«

Er fühlt sich nicht ertappt. Es ist ihm in keiner Weise peinlich. Ganz ruhig sagt er: »Das Heft da gehört mir, und es sind meine Gedanken, die ich hineinschreibe. Du hast schon recht, das ist ein Text von Morrison, aber das bin ich, das ist mein Leben, das ist das, was ich empfinde, was ich denke, also ist es auch mein Text.«

Ganz einfach. Weil er nicht gescheit und nicht begabt genug ist, um solche Texte zu verfassen, überläßt er es Morrison.

Was soll man dazu sagen? Schauriger, morbider Duft der Drogen. Eine Welt, in der er sich heimisch fühlt. Er eignet sich die Wörter an und schreibt sie, vermutlich aus dem Gedächtnis, nieder, wie ein Schüler, der mogelt. Und dennoch ist es schön, wenn er sie mir vorliest.

In dem Brief mit dem Gedicht von Rimbaud hatte er eine Anmerkung angefügt, die sinngemäß lautete: »Ich habe dieses Gedicht geschrieben, um dir zu sagen, daß man mit siebzehn alle möglichen Dummheiten macht, daß das aber völlig harmlos ist . . .«

Der Text konnte unmöglich von ihm stammen, dafür war er zu gut formuliert. Ich dachte es mir gleich, aber mir wäre es lieber gewesen, wenn er ihn irgendwo gelesen und mir einfach geschickt hätte, anstatt ihn als seinen auszugeben. Ich kannte dieses Gedicht von Rimbaud noch nicht. Seitdem zählt es zu meinen liebsten.

Wozu soll ich ihn demütigen? Mag er meinetwegen denken, er könnte mich verarschen. Ich will ihm nicht weh tun, das wollte ich nie. Soll er seine Illusionen behalten. »Seine« Texte sind sein Halt, er ist so stolz darauf, er spricht so oft davon. Wenn ich darauf beharre, ihm seine Lüge nachzuweisen, verletze ich ihn nur und zerstöre seinen Traum. Den Traum, sagen zu können: »Ich kann schreiben, ich schreibe tolle Texte!« Das ist seine Art, den anderen mitzuteilen, was er mir ins Gesicht sagt: »Das ist das, was ich fühle, was ich erlebt habe, was ich denke. Deshalb setze ich meinen Namen drunter. Weil es mir gehört. Es ist mein Heft. Es gehört weder Morrison noch irgend jemandem sonst, sondern mir.«

»Du hast ja recht.«

Er behauptet zwar, er hätte sie nur mir zu lesen gegeben, seine Gedichte, aber ich vermute, er hat sie auch benutzt, um sich bei anderen Mädchen interessant zu machen. Aber, wohlgemerkt, es ist *sein* Heft.

Mein Koffer ist gepackt. Ich fahre heute abend. Am späten

Vormittag klopft es. Ein Polizeibeamter steht vor der Tür. Er möchte Antony sprechen, fragt höflich, wann er zurückkommt.

»So gegen Mittag, denke ich.«

»So lange kann ich nicht warten. Schön. Sagen Sie ihm bitte, er möchte sobald wie möglich aufs Revier kommen.« Er gibt mir die Vorladung.

»Ja, ist gut, ich sage es ihm.«

Er mustert mich von Kopf bis Fuß und unterzieht mich einem kurzen Verhör. »Und wer sind Sie?« – »Eine Freundin.« – »Sie sind aus Marseille?« – »Nein, ich bin nur ein paar Tage auf Besuch hiergewesen. Ich fahre heute wieder nach Hause.« – »Können Sie sich ausweisen?«

Er notiert Namen und Anschrift.

»Schön. Vielen Dank, Mademoiselle. Auf Wiedersehen.«

Darf er das überhaupt, dieser Bulle?

Am Abend ruft Antony in Chartres an. Ich frage ihn, was die Polizei von ihm gewollt hat.

»Das weiß ich selbst nicht genau. Ich muß morgen noch mal hin. Irgendwas mit meinen Papieren ist nicht in Ordnung.«

Ich hake nicht nach, offensichtlich will er nicht darüber reden.

Eine Woche später sitzt er im Gefängnis. Er schreibt mir sofort: »Ich weiß auch nicht genau, was man mir vorwirft, Diebstahl oder Hehlerei, wenn ich es richtig verstanden habe. Ich habe nichts getan. Ich weiß nicht, wie lange sie mich hierbehalten wollen. Schreib mir, laß mich nicht fallen, ich liebe Dich.«

Später erfuhr ich, daß sich die Beamten aus Marseille mit ihren Kollegen in Chartres in Verbindung gesetzt hatten, meine Eltern daraufhin vorgeladen worden waren und auf diese Weise alles über Antony erfuhren. Seine

Drogengeschichten, seine Haftstrafen. Meine Mutter hat erst sehr viel später mit mir darüber gesprochen.

Die Wochen vergingen. Es schien mir besserzugehen. Ich schloß mich nicht mehr den ganzen Tag in meinem Zimmer ein. Ich büffelte für den Führerschein. Der Sommer stand vor der Tür. Ferienzeit.

Ich schrieb Antony ins Gefängnis. Schwester Barbara tat ihre Pflicht und half dem Gestrauchelten.

Er wurde vor Gericht gestellt und zu fünf Monaten verurteilt. Ende Oktober wurde er entlassen. Er wollte mich wiedersehen, er habe mir soviel zu erzählen.

»Ich komme grade aus dem Knast. Ich hab' keine Kohle, keinen Job, niemanden, zu dem ich gehen könnte. Du warst die einzige, die mir geschrieben hat. Kommst du?«

Ich sagte nicht ja und nicht nein. Als er im Gefängnis war, konnte ich nicht mit ihm Schluß machen, das wäre mies gewesen. Also jetzt oder nie.

Ich sprach mit meiner Mutter. Zum erstenmal bat ich sie um Rat, um Hilfe.

»Fahr nicht. Wenn du keine Lust hast, fahr nicht. Ändern wird er sich nicht, er wird genauso weitermachen wie früher.«

»Ja, du hast recht. Trotzdem. Ich finde es gemein, ihn einfach so fallenzulassen. Ich werde zu ihm fahren und ihm sagen, daß es aus ist.«

»Warum willst du dein Geld zum Fenster hinauswerfen? Wenn er das nächste Mal anruft, sag ihm, es ist aus, und basta. Irgendwann wird er es schon kapieren und dich in Ruhe lassen.«

Mir ging es allmählich besser, ich war nicht mehr so depressiv, und ich hatte Angst, alles würde von vorn anfangen. Sie hatte recht. Als er das nächste Mal anrief, sagte ich ihm das alles. Hörte er mir überhaupt zu?

»Das verstehe ich ja, aber ich muß dich unbedingt sehen. Außerdem bist du jetzt volljährig, deine Alten haben dir nichts mehr zu sagen. Und die Polizei werden sie dir bestimmt nicht auf den Hals hetzen.«

Ich wartete. Und dann stritt ich mich seinetwegen mit meiner Mutter. Der ganze Zirkus ging von vorne los. Ich war völlig fertig. Und eines Abends hatte ich es satt, so satt, daß ich eine Schachtel Tabletten in die Hand nahm, eine Weile hin und her überlegte und sie dann schluckte. Im Krankenhaus kam ich wieder zu mir.

Der größtmögliche Kummer

Magenspülung, Infusionen. Acht Tage Krankenhaus.

Warum muß ich auch immer auf der Todeswelle surfen, wenn ich gar nicht die Absicht habe zu ertrinken? In meinem Walkman singt Gainsbourg davon, wie schnell aus Liebe Haß werden kann.

Ich hungere nach Liebe. Und dieser nicht zu stillende Hunger läßt mich besitzergreifend, gemein oder nachgiebig werden, so nachgiebig, daß es wie in Antonys Fall schon an Dummheit grenzt. Ich tue alles, wirklich alles, damit man mich liebt.

Schon als kleines Mädchen verspürte ich diesen Hunger, hatte ich das Bedürfnis, zu lieben und geliebt zu werden. Als mein Bruder Joffrey auf die Welt kam, machte ich ein Mordstheater. Ich war fünf damals, das verwöhnte Nesthäkchen.

»Ich will kein Geschwisterchen mehr!« brüllte ich meine Mutter an. »Warum willst du noch ein Baby haben? Du liebst Soline und mich nicht mehr, das ist ungerecht!«

»Aber natürlich liebe ich euch! Wäre das nicht schön, wenn noch ein Kind im Haus wäre? Möchtest du lieber ein Brüderchen oder ein Schwesterchen?«

Keins von beiden, nein, nein, nein! Aber wenn es denn unbedingt sein mußte, ein Schwesterchen. Bloß keinen Jungen, der würde mich nur an den Haaren ziehen und mir meine Puppen wegnehmen.

Einige Monate vor Joffreys Geburt verkündete ich in meiner Angst, nicht mehr geliebt zu werden: »Ich werde ihm den Kopf abschneiden und ihn dann in die Mülltonne werfen!«

Anfangs lachten meine Eltern darüber. Als Joffrey dann da war, fuhr mein Vater mit meiner Schwester und mir ins Krankenhaus. Ich weigerte mich, das Zimmer meiner Mutter zu betreten. Erst eine oder zwei Wochen später besuchte ich sie, gab ihr einen Kuß und schaute mir das neue Brüderchen an.

Was war ich doch für eine unmögliche Göre. Und heute liebe ich meinen großen kleinen Bruder so. Aber ich finde nicht den Mut, es ihm zu sagen.

Was ist in mir? Das Gefühl von Einsamkeit und ein wenig Verzweiflung. Ich will gefallen, dafür tue ich alles, und wenn es mir nicht gelingt oder, schlimmer noch, wenn jemand anders meinen Platz einnimmt oder wenn man mich verläßt, dann kommen die düsteren Gedanken zurück, und nichts geht mehr. Paradoxerweise habe ich Schwierigkeiten, mit der Zuneigung anderer umzugehen.

Vielleicht ist das der Grund, weshalb ich mich in einen verlogenen, HIV-positiven Drogensüchtigen verliebt habe. Einen Mann, der nicht fähig ist zu lieben, weil er sich selbst nicht liebt.

Gibt es einen Ausweg? Für ihn? Für mich? Ich bezweifle es.

Mich kotzt alles an. Zwischen zwei Selbstmordversuchen bin ich nach Marseille gefahren, für nichts und wieder nichts, weil ich nicht geschafft habe, ihm zu sagen, daß es aus ist.

Es war wie immer: beschissen. Es ist nichts Ungewöhnliches passiert, keine Überdosis, keine Schlägerei, keine Polizei. Der übliche Frust. Er hingt den ganzen Tag irgendwo in der Stadt herum, kam abends nach Hause, ließ sich vollaufen, und das war's.

Ich habe ihm geschrieben: »Ich verlasse dich.« Er hat es nicht begriffen. Seine Antwort ist zum An-die-Decke-gehen.

Er sitzt wieder im Gefängnis und weiß nicht, warum. In einem Brief bittet er mich um Geld, um Briefmarken. Sein Vater, schreibt er, sei ein Idiot. Und am Schluß kommt er darauf zu sprechen, daß er mich infiziert hat: »Ich habe ein Verbrechen begangen, und das werde ich mir nie verzeihen. Schreib mir, ich habe sonst niemanden mehr.«

Ein Geständnis nach anderthalb Jahren? Vorher hat es ihm nur »leid getan«.

Er jammert, fordert Liebe, Geld, Briefe. Er hat nicht begriffen, daß ich einfach nicht mehr kann, am Ende meiner Kräfte bin. Ihn nicht mehr sehen will. Weil mich friert, im Herzen und im Körper, weil mir der Magen ausgepumpt wurde, weil ich mit Beruhigungsmitteln vollgestopft bin. Aber anstatt ihm zu sagen, er soll zum Teufel gehen, stelle ich eine Anweisung aus, schreibe ihm, beruhige ihn.

Ich quäle mich. Und unternehme einen neuen Selbstmordversuch. Die alte Geschichte: Ich hole die Tablettenpackung hervor, öffne sie, zähle die Pillen, verschließe die Schachtel wieder, schmeiße sie an die Wand, nein, ich will es nicht tun, hebe sie wieder auf. Und irgendwann sage ich mir: Jetzt reicht's, der Punkt ist gekommen, ich tu's.

Ich schließe meine Zimmertür wieder auf, lasse die Musik an, lege mich aufs Bett, lösche das Licht und warte.

Ich presse das Gesicht ins Kopfkissen oder an einen Teddybär und weine. Ich habe die Hoffnung, daß jemand kommt, aber ich hole nie Hilfe.

Es kommt mir lang vor. Warum schlafe ich nicht endlich ein? Warum dauert es nur so lange? Ich kann sie in meinem Bauch spüren, die Tabletten, sie sind schwer und drücken und rumoren.

Ich warte und warte. Eine Ewigkeit. Höllenqualen, weil

ich Angst habe, ich könnte Panik bekommen, aufspringen und zur Toilette rennen oder meine Eltern alarmieren. Werde ich im Krankenhaus landen oder nicht? Die Verlokkung, zum Telefon zu greifen und den Notarzt anzurufen, ist groß. »Kommen Sie schnell, ich hab' Tabletten geschluckt, Sie müssen mir helfen, ich weiß nicht, was ich tun soll!«

Es dauert höchstens eine halbe Stunde, aber es kommt einem wie eine Ewigkeit vor. Man weiß, man hat eine Riesendummheit gemacht, und bereut es bereits.

Das ist doch total schwachsinnig, was du da machst, Barbara. Jetzt langt's aber. Ob ich sterben werde? Ob sie mir noch mal den Magen auspumpen werden? Wie lange werde ich im Krankenhaus bleiben müssen? Ob sie mich wohl besuchen kommen? Und wenn es zu spät ist? . . .

Ich sehe mich sterben. Ich male mir die Beerdigung aus, ich inszeniere meinen Tod. Alle meine Freunde sind gekommen. Sie weinen, ich auch. Berge von Blumen auf dem Sarg. Dann schlafe ich ein. Und vergesse alles.

Im Krankenhaus wache ich wieder auf, mit einem Schlauch im Magen. Manchmal kann ich mich nicht mehr an alles erinnern.

Einmal klingelte das Telefon eine Viertelstunde nachdem ich die Tabletten geschluckt hatte. Meine Mutter klopfte an die Tür, der Anruf war für mich. Ich nahm das Telefon, und das nächste, was ich mitbekam, war, daß ich im Krankenhaus lag. Ich muß irgend etwas gesagt haben, das sie aufgeschreckt hat.

Ein einziges Mal hat meine Mutter mit mir darüber gesprochen.

»Du hattest die Tabletten offensichtlich in deinem Zimmer genommen. Dann bist du ins Eßzimmer gekommen, um uns irgend etwas zu sagen, du hast geschwankt, hast dich an den Möbeln gestoßen und unverständliches Zeug vor dich hin gemurmelt. Du hast uns Vorwürfe gemacht: ›Das ist eure Schuld, das ist eure Schuld.‹ Du wolltest nicht ins Krankenhaus, mit Händen und Füßen hast du dich gewehrt. ›Ich will hier krepieren‹, hast du gesagt. ›Laßt mich in Ruhe, ich will nicht ins Krankenhaus, ich will nicht mehr, Antony ist ein blöder Arsch, und außerdem bin ich positiv.‹«

Damals endeten meine Überlegungen oft mit den Worten: Und außerdem bin ich positiv.

Es gibt nichts Schlimmeres.

Die düsteren Gedanken kreisen in meinem Kopf. Was soll's, sage ich mir, eines Tages werde ich ja doch krepieren. Und ich will nicht *daran* sterben, das ist zu grausam. Ich will nicht, daß sie mich entstellt sehen. Wenn ich schon sterben muß, dann einen schönen Tod. Und am liebsten sofort, das ist für alle Beteiligten das beste. Früher oder später müssen wir alle dran glauben, und meine Zeit ist gekommen. Ich will nicht mehr leben, ich hab' die Schnauze voll.

Fünfmal habe ich es versucht.

Beim viertenmal schluckte ich Tabletten, die ich aus Marseille mitgebracht hatte. Antony hatte mehrere Schachteln gekauft und sie mir gegeben, damit er nicht in Versuchung kam, alle auf einmal zu nehmen. Wenn er welche haben wollte, sagte ich: »Nein, du hast genug gehabt.« Dann wühlte er in meiner Handtasche, bis er sie fand. Zu guter Letzt versteckte ich sie und, weil ich selber nicht mehr daran dachte, nahm ich sie versehentlich mit nach Hause. Bei meinem vierten Versuch hatte ich selbst keine Beruhigungspillen mehr. Der Arzt hatte mir keine verschreiben wollen. Und meine Eltern hatten alle meine Medikamente weggeworfen. Von Antonys Tabletten wußten sie nichts . . .

Den fünften Versuch unternahm ich an meinem neunzehnten Geburtstag. Hatte ich denn so schreckliche Angst vor diesem Datum?

Am Tag vorher hatte ich meine Mutter angemault und den Rest der Familie beschimpft. An meinem Geburtstag lief ich durch die Wohnung, ohne sie eines Blickes zu würdigen. Ich sprach kein Wort mit ihnen. Und sie trauten sich nicht, etwas zu sagen. Am Abend dann bauten sie ihre Geschenke auf dem Tisch auf. Ich bekam einen Anfall:

»Was soll denn diese Heuchelei? Den ganzen Tag hat mir kein Mensch zum Geburtstag gratuliert oder mit mir geredet, und jetzt kommt ihr mit Geschenken an? Die könnt ihr euch von mir aus sonstwohin stecken!«

Ich rauschte in mein Zimmer und fing an zu heulen. Dann griff ich zur Tablettenpackung – ich hatte wieder welche – und kam für fünf Tage ins Krankenhaus.

Antony saß wieder einmal im Gefängnis, und für mich existierte er praktisch nicht mehr. Warum also? Was trieb mich dazu? Die Leere. Die Isolation der HIV-Positiven. Der Mangel an Liebe. Die Angst vor der Zukunft. Wen lieben? Wie lieben? Wer wird mich lieben?

Falls es mir überhaupt je gelingt, noch einmal jemanden zu lieben, diesen Alptraum zu vergessen ... Ich habe Angst vor dem, was ich sage, was ich tue. Ich kann meine Gefühle nur schwer unter Kontrolle halten. Es kostet mich unglaubliche Überwindung, jemandem zu sagen, daß ich ihn mag, ganz gleich, ob es sich um meine Eltern, meine Geschwister oder einen Freund handelt. Es dauert lange, bis ich sagen kann: »Ich liebe dich, du bedeutest mir sehr viel, laß mich nicht allein.«

Wenn ich es irgendwann schaffen sollte, wird es mir bessergehen, ich werde aufatmen und gleichzeitig eine wahnsinnige Angst haben.

Meine Eltern können das nicht verstehen. Soline und Joffrey auch nicht. Ich würde gern mit ihnen reden, ihnen sagen, daß ich sie liebe, daß ich Antony geliebt habe, aber ich bringe es nicht fertig.

An dem Tag, an dem meine Mutter meinen Geschwistern die schreckliche Nachricht mitteilte, hatte ich mich in meinem Zimmer verkrochen. Ich dachte: Wie wird sie es anstellen? Wird sie die richtigen Worte finden? Ich bin ein Feigling. Warum kann ich nicht zu ihnen gehen und ihnen sagen: Hört mal, ich habe Mist gebaut, das und das ist passiert?

Ich hätte es ihnen gern erklärt, sie vor den Gefahren gewarnt. Vor allem mit meiner Schwester hätte ich gern gesprochen. Aber da war eine Sperre. Ich war nicht fähig, Soline an der Hand zu nehmen, mit ihr in mein Zimmer zu gehen und ihr zu sagen: »Ich habe da diesen Jungen kennengelernt, wir haben das und das gemacht, er hat mich mit seinen Gedichten verführt, er sah so gut aus, und ich habe geglaubt, es wäre Liebe . . .«

Ich hätte mich ihr gern anvertraut, hätte sie gern zur Vertrauten gehabt. Ich mag sie sehr.

Statt dessen kapseln wir uns ab mitsamt unseren Unterschieden, unseren Vorlieben und unseren Ängsten.

Doch dann kommt sie von sich aus zu mir.

Ich erhole mich allmählich von meinem letzten Wettlauf mit dem Tod. Soline fragt:

»Hast du Angst vor Aids?«

»Ja, ich mache mir große Sorgen.«

»Hab keine Angst. Ich werde immer für dich dasein, und Papa und Mama auch. Und Joffrey, auch wenn er es noch nicht versteht. Wir lieben dich sehr, wir würden dir gern die richtigen Worte sagen, aber wir wissen nicht wie. Also sagen wir nichts, wir schauen dir zu und schweigen, aber das alles ist furchtbar schmerzhaft für uns.«

So hat sie noch nie mit mir geredet, so offen und aufrichtig. Das habe ich mir immer gewünscht. Soline findet

Worte, um über Aids zu sprechen. Und über ihre Zuneigung zu mir. Ist das so leicht?

Sie weint und versichert mir noch einmal, daß sie mich liebt und immer für mich dasein wird.

»Komm zu mir, wenn du Angst hast. Ich möchte, daß du mit mir darüber sprichst, ich möchte, daß wir von jetzt an richtige Schwestern sind, Schwestern, die sich nahestehen. Weißt du, ich habe auch immer von der Liebe geträumt, genau wie du. Ich bin nicht häufig hier, ich habe mein Studium, und an den Wochenenden jobbe ich oft. Ich weiß, ich habe viel zuwenig Zeit für euch alle, aber ich bin da, wenn ihr mich braucht, und ich denke ganz fest an euch. Für mich ist das auch nicht leicht. Ich muß oft weinen. Wir müssen unbedingt mehr miteinander reden, auf den anderen zugehen, anstatt in unserem Winkel zu hokken, jeder für sich, und sein Leben zu leben. Wir wollen aufeinander aufpassen, uns umeinander kümmern. Uns gegenseitig helfen . . .«

Soline, meine große Schwester. Eine unbekannte Soline, die sich mir offenbart.

Und ich, ich weiß nicht, was ich sagen soll. Ich bin den Tränen nahe. Aber ich weine nicht. Erst später, als ich allein bin.

Ich habe nicht den Mut gehabt, ihr zu sagen, daß ich sie liebe. Ich habe es nicht über mich gebracht, vor ihr zu weinen. Dabei hätte es mir so gutgetan.

Sie müssen alle gedacht haben, ich liebte sie nicht.

Immer wieder habe ich mir gesagt: Los, geh zu ihnen, entschuldige dich, bitte sie um Verzeihung, erklär ihnen deine Lebensangst, deine Schwermut, deine Schwierigkeiten, Liebe zu zeigen.

Manchmal würde ich gern zu meinen Eltern gehen, sie ganz fest umarmen und ihnen sagen, wie sehr ich sie liebe. Aber ich kann es nicht. Noch nicht. Und sie trauen sich nicht mehr. Bei jeder zärtlichen Geste weiche ich zurück. Ich wünschte, ich könnte ihnen meine Zuneigung zeigen, aber es fällt mir so schwer. Noch lassen es meine Schuldgefühle, meine Scham nicht zu.

Lieben, küssen, weinen, darüber reden, das bedeutet, sein Innerstes zu entblößen, sich verwundbar zu machen, wirklich zu sein. Ich verspüre so oft den Wunsch, nein, das Bedürfnis danach. Und ich habe ja auch schon vor ihnen geweint, allerdings ohne Tränen, unsichtbar.

Heute bin ich darüber hinweg. Ich will mich nicht mehr selbst zerstören. Das wäre zu einfach. Dann hätte Antony nämlich gewonnen. Er hat auch so schon genug triumphiert. Er hat meine ganze Familie kaputtgemacht.

Ich verabscheue und ich hasse ihn. Ich sage das nicht, um mein Gewissen zu beschwichtigen. Nein, ich habe diesen Haß sorgfältig analysiert. Ich bin mir seiner ganz sicher.

Wenn mich heute jemand fragt, was ich für ihn empfinde, kann ich ehrlich antworten: »Ich hasse ihn.«

Für den Virus, mit dem er mich infiziert hat. Für seine Verlogenheit. Er hat mich nicht geliebt, er hat mich nur benutzt. Ich war nicht mehr ich selbst. Er hat mich hinabgezogen in die Gosse, mich zu seinesgleichen gemacht.

Er ist ein Asozialer, arbeitsscheu und feige, unfähig, etwas aus seinem Leben zu machen. Herumhängen, Däumchen drehen, Mist bauen, mehr ist nicht drin.

Sein Vater lebt noch, ich weiß, daß die Tür zu seinem Haus immer für Antony offensteht. Und er ist auch hingegangen, wenn er in der Klemme war, wenn er Geld, was zum Anziehen, was zu essen wollte.

»Mein Vater ist ein Riesenarschloch.« Ganz im Gegenteil. Er ist ein beherzter Mann, der die Miete für den Sohn weiterbezahlte, während der im Knast saß. Aber was kann er gegen Drogen ausrichten? Diese Erfahrung kann man nicht teilen. Das sind zwei völlig verschiedene Welten, zwischen denen keine Verbindung besteht.

Antony ist drogen- und alkoholsüchtig, HIV-positiv und inzwischen vielleicht auch schon krank. Ich wünsche ihm nicht den Tod, aber ich habe nicht mehr das geringste Mitleid mit ihm.

Wenn ich ihn mit einem gewaltigen, vom Haß geführten Federstrich aus meinem Gedächtnis auslöschen könnte, ich würde es tun.

Innerhalb von zwei Tagen hat er mich getötet. Ich war noch unberührt, ich habe ihm vertraut, ich habe ihm meine Seele und meinen Körper anvertraut, ich habe ihm alles gegeben, und er hat mir den Tod untergejubelt.

Geblieben ist mir nur die Erinnerung an die Zeit davor, festgehalten in Fotoalbum meiner Familie.

Fünf Jahre alt, zehn Jahre, sechzehn Jahre ... Fotos von Weihnachten und von Geburtstagsfeiern, ausgepackte Geschenke, Plüschtiere, hübsche Kleider ...

Siebzehn Jahre. Keine Fotos mehr.

Vor der gesamten Nation

30. November 1993. In einem Gymnasium in Chartres findet ein Vortrag über das Thema Aids statt. Gehalten wird er von Dr. Éric Chapeau. Ich komme als bange Zuhörerin.

Kurz vor Beginn der Veranstaltung werde ich Éric Chapeau vorgestellt. Er ist fünfunddreißig Jahre alt und führt seit zwölf Jahren einen Kampf gegen die Immunschwächekrankheit. Éric weiß, daß ich HIV-positiv bin. Er bittet mich, über meine Erfahrungen zu sprechen. Ich lehne ab. Doch seine Rede erschüttert mich so sehr, daß ich nach vorne gehe und auf das Podium steige. Ich habe Angst, ich schäme mich. Jetzt werden alle erfahren, was mit mir los ist. Aber ich sage mir: Und wenn schon, sie sind alle in meinem Alter, ich muß sie warnen.

Als ich auf dem Podium stehe, tritt plötzlich Stille ein. Alle starren mich bestürzt an. Darauf sind sie nicht gefaßt gewesen. Ich kann ihre Gedanken lesen: Mist, wie kann denn das passiert sein, sie ist doch noch so jung?

Ich frage mich, was ich eigentlich hier mache. Ein gutes Jahr lang habe ich nur deprimiert herumgehangen, und jetzt stehe ich vor über dreihundert Gymnasiasten, um über meine Erfahrungen zu berichten. Ich erkenne mich nicht wieder. Und doch bin ich es, Barbara, die sich hier outet, Barbara, die als lebendes Beispiel dient, Barbara, die leidet und allmählich begreift, was für eine Riesendummheit sie gemacht hat . . .

Ich stehe hier mit meinen achtzehn Jahren und erzähle von meiner Naivität, meinem Leid.

Ich hoffe, sie hören mir gut zu.

Sie stellen Fragen. »Wie hast du dich infiziert?«

Als ich ihnen sage, daß der Junge von seiner HIV-Infektion wußte, werden erboste Rufe laut: »So ein Mistkerl . . .«, »Das ist ja zum Kotzen . . .«, »Das gibt's doch gar nicht, so fies kann doch keiner sein . . .«

Das hat sie geschockt. Sie wissen jetzt, daß man nicht vorsichtig genug sein kann.

Es folgen weitere Fragen. »Was soll ich tun, wenn mein Freund keine Kondome benutzen will? Muß man sich jedesmal schützen?«

Zwei Stunden lang reden wir über all die Dinge, die sie ihre Eltern nicht zu fragen wagen.

Sie brauchen mich. Und ich brauche sie. Ich bin zu etwas nütze.

Ich habe neuen Mut geschöpft. Das Leben ist doch nicht so beschissen, wie ich dachte. Über meine Erfahrungen zu sprechen, hat mir Kraft gegeben und in mir den Wunsch geweckt, gegen die Krankheit anzukämpfen.

Aber bald gewinnt die Verzweiflung wieder Oberhand. Ich fühle mich einsam, von allen im Stich gelassen, und lande nach einem Tablettenunfall einmal mehr im Krankenhaus. Meine Eltern sind völlig fertig. Sie arbeiten beide und haben Angst, mich allein zu Hause zu lassen. Der Psychiater rät zur Einweisung in eine Klinik; ich sei »ein hoffnungsloser Fall«. Mitte Januar wenden sich meine verzweifelten Eltern Hilfe suchend an Éric.

Er schlägt mir vor, als ehrenamtliche Helferin in seiner Organisation mitzuarbeiten. Ich soll Vorträge halten, dabei würde ich auch andere Leute kennenlernen. Endlich habe ich das Gefühl, etwas Nützliches tun zu können. Allmählich kehrt die Zuversicht zurück. Ich fange an, mehr von mir zu verlangen.

Ich glaube fast, ich bin glücklich . . .

Neunzehn Jahre. Ich habe Vorträge an Gymnasien gehalten, habe vor fremden Leuten meine geheimsten Gedanken offenbart, mich geistig entblößt, um zu zeigen, daß man nicht vernünftig ist, wenn man fünfzehn oder siebzehn ist ...

Das ist mir nicht immer leichtgefallen, ich habe oft geweint. Und mehr als einmal voller Empörung gedacht: Warum wir? Warum müssen wir, die Kranken, den Gesunden helfen? Wozu dienen denn die Aufklärungskampagnen, wenn sie nicht in der Lage sind, die Jugend zu erreichen?

Mein kleiner Bruder ist vierzehn. Ihm braucht niemand mehr zu zeigen, wie ein Kondom benutzt wird: Er hat von mir welche bekommen. Er ist damit aufgewachsen. Er grinst nicht, wenn von Kodomen die Rede ist, für ihn sind sie etwas ganz Selbstverständliches.

Ich habe mich entschlossen, die Dinge selbst in die Hand zu nehmen, zu handeln, wo andere versagt haben. Wie der Arzt im Sanatorium zum Beispiel. Ich wünschte, er hätte mich, als er mich händchenhaltend mit Antony sah, darüber aufgeklärt, welche Gefahr von dem Jungen ausging. Daß er es nicht getan hat, nehme ich ihm sehr übel. Vor allem deshalb, weil er Arzt ist. Ein Arzt hat die Aufgabe, Leben zu retten beziehungsweise zu schützen. Ein Menschenleben sollte Vorrang vor der ärztlichen Schweigepflicht haben. Insbesondere dann, wenn man jemanden mit Antonys Vergangenheit in ein Sanatorium aufnimmt, in dem auch Mädchen, wie ich eins war, untergebracht sind ...

Diesem Arzt, der es unterlassen hat, mir das Leben zu retten, möchte ich sagen: »Brechen Sie Ihre Schweigepflicht, falls Sie noch einmal in eine solche Situation kommen. Tun Sie es, wenn Sie das Leben Betroffener nicht gefährden wollen.«

Ich trete auch deshalb öffentlich auf, weil ich nicht sein will wie der, dem ich begegnet bin: hinterhältig, feige, kriminell, verlogen. Ich will mich stellen, mich dazu bekennen.

Ich habe Angst vor der Krankheit. Angst vor dem Verfall, Angst davor, über Aids zu sprechen. Aber ich lasse mich nicht unterkriegen.

»Sollen wir nicht mal ins Kiosque gehen? Du hast mir schon soviel davon erzählt!«

Das *Kiosque* ist ein Laden, in dem man alles findet, was irgendwie mit der »Aids-Kultur« zu tun hat. Éric macht mich mit Nathalie Marvaldi, der Besitzerin, bekannt. Sie erzählt uns, der Fernsehsender Canal Plus suche seit zwei Monaten ein Mädchen, das bereit wäre, in der Sendung Sidaction über seine Erfahrungen zu berichten. Als ich ihr von meiner Vortragsreihe erzähle, ruft sie gleich die zuständige Redakteurin bei Canal Plus an und vereinbart einen Termin. Es ist der 30. März, Sidaction soll am 30. April gesendet werden.

Dieses Mal ist die Bühne um einiges größer. Dieses Mal trete ich im Fernsehen auf, erscheine in jedem Wohnzimmer Frankreichs.

Ich zittere und habe einen Kloß im Hals. Ich habe Angst zu versagen. Hoffentlich kriege ich überhaupt einen Ton heraus! Bestimmt vermassele ich alles. Am Abend vorher, bei der Probe, hatte ich schreckliches Lampenfieber. Im Studio waren Dechavanne, Frédéric Mitterrand, Bruno Masure, Muriel Robin sowie einige Journalisten. In Gegenwart prominenter Persönlichkeiten passiert es mir oft, daß ich plötzlich dastehe wie angewurzelt und kein Wort herausbringe.

Niemand kannte mich. Ich sollte gemeinsam mit Jérôme, der ebenfalls HIV-positiv ist, die Ansage übernehmen.

Jérôme hat seine Erfahrungen zu einem Gedicht verarbeitet, das folgendermaßen beginnt: »Ich bin weder Gott noch Herr, ich bin ein Mensch wie ihr alle . . .« Ich habe mich für eine unverblümtere Sprache entschieden. Von der Poesie habe ich die Nase voll. Auch Poesie kann tödlich sein.

Es war schlimm: der Lärm, die Kameras, die Leute, die vor und hinter der Bühne umherhuschten. Ich konzentrierte mich ganz darauf, das Mikrofon zu erreichen, ohne zu stolpern und ohne in Tränen auszubrechen.

Ich hatte Stiefeletten an, knappe schwarze Shorts, eine Strumpfhose, ein T-Shirt und darüber eine rote Weste mit einer Art Blumenmuster. Ein bißchen hippiemäßig, die Weste. Ich begann meinen Text aufzusagen:

»Guten Abend. Mein Name ist Barbara, ich bin neunzehn Jahre alt . . .«

Beim zweiten Absatz ging mir die Luft aus. Panik. Das schaff' ich nie! Ich kann das nicht!

Frédéric Mitterrand kam auf mich zu. »Nur weiter . . .«

Endlich jemand, der mir Beachtung schenkte. Von der anderen Seite näherte sich Dechavanne.

»Du mußt näher ans Mikro ran, sonst kann man dich nicht hören.«

Ich solle laut sprechen, dicht vor dem Mikrofon stehen, in die und die Kamera schauen und versuchen, mich nicht zu verheddern. Unmöglich, das schaffe ich nie!

Endlich war ich erlöst. Ich machte Jérôme Platz und wartete an seiner Seite, bis er fertig war. Auch er blieb an einigen Stellen hängen, geriet gelegentlich ins Stottern, machte seine Sache insgesamt aber besser als ich. Den ganzen nächsten Tag habe ich an meinem Text gefeilt.

Die Live-Sendung, die in ganz Frankreich ausgestrahlt wird, beginnt um 20 Uhr 45. Um 19 Uhr soll ich im Studio sein. Éric begleitet mich. Am Bühneneingang will man uns nicht hineinlassen.

»Name?«

»Barbara Samson, ich mache die Einleitung für Sidaction.«

»Und wie sieht die aus, diese Einleitung?«

»Ich werde über meine Erfahrungen berichten.« Einzelheiten werde ich dem bestimmt nicht auf die Nase binden!

»Ah. In Ordnung. Und Sie?« fragt er, an Éric gewandt. »Wer sind Sie?«

Nach fünf Minuten dürfen wir endlich passieren. Ich bin drauf und dran gewesen, auf dem Absatz kehrtzumachen.

Ich muß in die Maske. Ich setze mich neben Line Renaud und Mireille Dumas und warte. Die Maskenbildnerinnen haben es nicht eilig. Sie schwatzen und mustern mich verstohlen, als wollten sie sagen: Was will die denn hier? Endlich kommt eine zu mir herüber.

»Kann ich Ihnen helfen?«

»Ja, Sie können mich schminken.«

»Nehmen Sie an der Sendung teil?«

»Ja, ich mache die Einleitung, ich habe also nicht unbegrenzt Zeit.« Sei nicht so empfindlich, Barbara. Sie können dir dein Unglück nicht ansehen. Es ist ihnen egal? Allerdings. Von mir aus.

Das Make-up gefällt mir nicht. Zu aufdringlich. Eine dikke Schicht knallroter Lippenstift, schwarzer Lidstrich, Wimperntusche, komischer violetter Lidschatten.

Man bietet mir etwas zu essen an. Kein Hunger.

»Iß lieber, damit du was im Magen hast. Nicht daß dir schlecht wird . . .«

Ausgeschlossen.

Fürchterlich, ich sehe aus wie eine Schlampe. Ich muß an meine Eltern denken. Ob sie mich überhaupt erkennen werden?

Eine Assistentin kommt und holt mich. »Zwanzig Minuten bis Sendebeginn. Sie nehmen den gleichen Platz ein wie gestern bei der Probe. Okay?«

Mein Herz klopft laut. Ich habe ganz feuchte Hände. Unentwegt wische ich sie an meinen Shorts, an meiner Weste, sogar an Érics Anzug ab.

Ich drehe das Blatt mit meinem Text nervös hin und her, werfe einen Blick darauf, falte es wieder zusammen. All die prominenten Leute machen mir angst. Leere in meinem Kopf.

Ich nehme meinen Platz an Jérômes Seite ein. Wir warten.

Einige Stars gehen an uns vorüber. Eine der Frauen ist besonders hochmütig und kalt. Ihr Begleiter bleibt stehen.

»Darf ich Ihnen Jérôme und Barbara vorstellen? Sie werden die Einleitung sprechen.«

»Freut mich.«

Eine Prinzessin. Sonst aber auch nichts. Sie berührt unsere Hände kaum; die Ehrenloge wartet. Eine andere, liebenswerte Berühmtheit, eine meiner Generation, küßt mich auf beide Wangen. Danke, Vanessa Paradis. Nicht jeder traut sich, uns zu küssen . . .

Vorspann, Musik, es dauert, bis alle auf der Bühne sind. Da wir die letzten sind, habe ich Zeit genug, mein Lampenfieber zu pflegen.

»Und wenn ich ein Blackout habe? Wenn ich nicht mehr weiterweiß, was mache ich dann?«

»Gar nichts, das ist doch nicht schlimm. Hauptsache, du bist da, du zeigst dich und fängst an zu reden. Außerdem hast du ja noch Jérôme zur Unterstützung.«

Obwohl Jérôme genausoviel Angst hat wie ich, scheint er ganz gelassen. Er läßt nichts von seiner Nervosität nach außen dringen. Ich weiß nicht, was er denkt. Mir jedenfalls kommt es so vor, als hätten sie uns in einen Käfig gesperrt, die beiden HIV-Positiven als Attraktion des Abends.

Im Käfig deshalb, weil wir abgesondert sind von den Ansagern, den Stars, den Journalisten. Wie zwei lebende Symbole einer tödlichen Krankheit werden wir mitten auf der Bühne vor dem Mikrofon stehen. Die Kameras werden ihr inquisitorisches Auge auf uns richten, durch das ein Millionenpublikum uns anstarrt.

Die Zuschauer im Saal haben ihre Plätze eingenommen. Plötzlich ist Stille eingekehrt.

Hoffentlich fange ich nicht an zu weinen.

Wir müssen uns durch den dichten Kreis von Prominenten rings um die Bühne einen Weg bahnen. Drängeln, stoßen. Verzeihung, entschuldigen Sie bitte . . .

Sie fragen sich vermutlich, wer wir sind, daß wir uns so zielstrebig auf die Kameras zubewegen.

Ich würde am liebsten einen Rückzieher machen, aber Jérôme ergreift meine Hand und drückt sie ganz fest. Was für eine liebe Geste. Er hat gemerkt, daß mich die vielen Menschen, die vielen Augenpaare in Panik versetzen. Ich habe nur noch ihn in diesem Augenblick, er ist meine einzige Stütze.

Unvermittelt bleibe ich stehen. Zwei Schritte vor dem vorgesehenen Platz. Meine Beine wollen nicht mehr, sie sind wie gelähmt. Ich kann nicht mehr, ich schaffe das nicht, ich bleibe jetzt einfach hier stehen, tut mir leid, Jérôme, aber du mußt das allein durchziehen.

Jérôme dreht sich zu mir um, wirft mir einen besorgten Blick zu. Plötzlich sehe ich Dechavanne neben mir, den ich vorher gar nicht bemerkt hatte. Er faßt mich am Handgelenk und sagt:

»Komm schon, Mädchen, mach es genau wie gestern, das war perfekt.«

Ich sehe ihn erstaunt an. Jérôme greift abermals nach meiner Hand und zieht mich vors Mikrofon. Ein schwaches Lächeln spielt um seine Lippen, so als wollte er sagen: Nur Mut, wird schon schiefgehen, ich bin doch bei dir.

Ohne mir dessen bewußt zu sein, habe ich angefangen zu lesen. Der Kloß sitzt immer noch in meinem Hals, unbeweglich. Die Worte quetschen sich an ihm vorbei. Meine Stimme droht zu versagen. Sie werden mich nicht hören. Aber ich will, daß sie mich hören. Ich gehe näher ans Mikro ran, so nahe, daß ich meinen Atem hören kann.

Nach den ersten Sätzen geht es besser. Ich rede langsamer, mache Pausen.

Im Saal herrscht Totenstille.

»Das war meine erste und meine letzte große Liebesgeschichte.«

Geschafft. Applaus setzt ein.

Ich höre das Klatschen wie aus weiter Ferne. Nebel im Kopf, Rauschen in den Ohren, Herzjagen, aber ich kann den Beifall hören.

Am liebsten würde ich weglaufen, weg von all den Menschen hier, aber jetzt ist Jérôme an der Reihe. Ich trete zur Seite. Er gibt mir einen Kuß, wartet, bis der Applaus verebbt ist, und beginnt seinen Text vorzulesen.

Auch er erhält viel Beifall, als er fertig ist. Er nimmt meine Hand, und wir gehen zusammen die Stufen hinunter.

Mit meinen eigenen Eltern konnte ich nicht reden, aber ganz Frankreich habe ich in einer zweiminütigen Kurzfassung geschildert, was ich durchgemacht habe. Zwei Minuten für zwei Jahre.

Schwindelerregend.

Jérôme und ich setzen uns auf einen Sockel in den Kulissen. Wie zwei verängstigte kleine Tiere hocken wir da.

Wir kommen uns irgendwie verloren und unbedeutend vor und gleichzeitig sehr wichtig, nach dem, was wir getan haben. Wir schweigen, wechseln nur Blicke. Das Schweigen von Vögeln, die plötzlich aus dem Käfig in die Freiheit entlassen worden sind.

Ich muß an Antony denken. An den Dieb im Gefängnis. Die Sendung ist auf allen Kanälen ausgestrahlt worden, er kann sie nicht verpaßt haben. Hoffentlich hat er jetzt begriffen. Wenn er mich gesehen und gehört hat, muß er begriffen haben. Es ist alles nur seine Schuld, daran gibt es keinen Zweifel. Er muß sich schuldig fühlen. Muß sich seiner Schuld, seiner Verantwortung bewußt werden.

Ich hoffe, er merkt, wie ich ihn hasse und verachte. Andererseits ist es mir auch egal. Soll er doch von mir denken, was er will. Früher hat er auch nie an mich gedacht, es sei denn, er brauchte Geld oder sonst irgend etwas.

Eines Tages wird er aus dem Gefängnis entlassen werden. Ich kann mir die Situation gut vorstellen. Großaufnahme Antony: Er wird eine Frau kennenlernen, ihr seine Gedichte zeigen, mit ihr schlafen, ihr sagen, daß er sie liebt, mit ihr leben will. Er wird sie belügen und betrügen, wird ihre Freundlichkeit, ihre Arglosigkeit, ihre Jugend ausnützen und sie feige mit seinem Virus infizieren. Und wenn die Ärmste herausfindet, daß sie den Tod in sich trägt, wird sie ihn ansehen und fragen: Warum ich? Und er, er wird den Verstörten spielen, der ja gar nichts dafür kann, den Verfolgten, den zum Tod verurteilten Kranken. Und zu guter Letzt wird sie resignieren und sich wie ich sagen: Er ist meine einzige Zuflucht, jetzt bin ich wie er, jetzt habe ich nur noch ihn, ich werde bei ihm bleiben.

Und ich kann nichts dagegen tun. Es gibt keine Möglichkeit, das zu verhindern, jene Frau zu schützen. Ich kann schließlich nicht nach Marseille fahren, vor dem Gefängnis warten, bis er rauskommt und ihn dann abknallen oder an den Pranger stellen. Man sollte ein Plakat mit seiner Visage drauf aufhängen, nicht nur in Frankreich, nein, auf der ganzen Welt: Achtung! Dieser Mann ist gefährlich! Ich kann auch nicht vor die Fernsehkameras treten und sagen: »Er heißt Antony Sowieso und ist dreißig Jahre alt. Prägen Sie sich sein Bild gut ein! Verlieben Sie sich nie in diesen Mann!«

Ich kann nichts gegen ihn unternehmen. Ich habe nichts in der Hand als die Geschichte meines Lebens.

Denken Sie immer an Barbara, diese Siebzehnjährige, die auf ihn hereingefallen ist.

Wie ich heiße, wie ich aussehe, ist unwichtig, nur meine Geschichte, die dürfen Sie nicht vergessen.

Wenn ein gefährliches Medikament auf den Markt gekommen ist, geht ein Aufschrei durch die Medien, allerorts werden Warnungen herausgegeben. Aber die Bevölkerung vor einem gefährlichen Mann zu warnen, das ist nicht möglich. Denn Vorsicht: das wäre ja Denunziation, Rassismus, außerdem muß die ärztliche Schweigepflicht berücksichtigt werden und die Menschenrechte. Sofern es sich bei dem Betreffenden tatsächlich um einen Menschen, um ein verantwortliches, denkendes Individuum handelt.

Er ist ein Durchschnittstyp. Man könnte ihn durchaus für einen ganz normalen Menschen halten, jemand, der hübsche Verse schreibt . . . und der fähig ist zu lieben.

Wie viele von seinem Schlag mögen da draußen herumlaufen? Unter Drogen, verantwortungslos, feige, haltlos: »Mir ist alles scheißegal, ich bin mir selber scheißegal, also was wollt ihr von mir? Ihr habt mir nichts zu sagen, gar nichts!«

Wenn er im Gefängnis bleibt und sich einer richtigen Therapie unterzieht, konsequent, anstatt nur die armen Sozialarbeiterinnen zu nerven, die sich bei dem Versuch, ihn zu retten, aufreiben, dann hat er vielleicht eine Chance. Die Chance, ein Mensch zu werden, bevor er stirbt. Wird er aber vorzeitig entlassen, wird er sich wie ein Raubtier auf die nächstbeste junge Frau stürzen, die, ohne es zu wissen, von diesem Augenblick an in Lebensgefahr schwebt.

Ich weiß, was das ist, Liebe auf den ersten Blick. Liebe, die einen wie ein Blitz aus heiterem Himmel trifft. Man fühlt sich wohl auf seiner kleinen Wolke, man hat das Gefühl, geliebt zu werden, das Gefühl, wirklich zu leben. Aber dann . . . Der Virus macht keinen Unterschied zwischen jenen, die es verdient haben, und den anderen. Ganz abgesehen davon hat niemand so etwas verdient. Der Virus erledigt nur seinen Job: Er verbreitet Grauen und bringt den Tod. Er ist darauf programmiert.

Was bleibt, ist ein Schuldgefühl, das ich auf Antony übertragen, ihm einpflanzen will, wie ein Stück Gewissen. Diese Zeilen sollten schockieren:

»Er wußte, daß er HIV-positiv war, aber aus Nachlässigkeit oder aus Angst, mich zu verlieren, hat er es mir verschwiegen. Das war meine erste und meine letzte große Liebesgeschichte.«

Ich schütze ihn – immer noch – durch zwei Wörter: Nachlässigkeit und Angst.

Ich habe ihn nicht Mörder genannt.

Vielleicht hätte ich es tun sollen.

Eine Woche später schreibt er mir aus dem Gefängnis: »Ich habe Dich gerade im Fernsehen gesehen. Es scheint Dir gutzugehen, Du siehst richtig toll aus, sehr elegant, Du hast wunderbar gesprochen, es geht Dir wirklich glänzend, das sieht man. Ich war stolz auf Dich, und meine Kumpel beneiden mich . . .«

Ende der Vorstellung.

Gibt es eine größere Demütigung? Man kann nicht einmal mehr Mitleid mit ihm haben, er wird es nie begreifen.

Seine Kumpel wissen, daß er HIV-positiv ist. Wahrscheinlich hat er mit mir geprahlt, und sie werden ihn gefragt haben: »Hast du sie gebumst? Wie ist sie denn im Bett? Wo habt ihr es getrieben?«

Der Gedanke, daß es ihn gibt, irgendwo, ist mir unerträglich. Daß einer wie er, so dumm, so gefährlich, auf dieser Welt herumläuft. Und dieser jämmerliche Brief . . . unter aller Kritik, wie alles an ihm. Sogar im Datum hat er sich geirrt: Er hat 1992 geschrieben statt 1994. Als hätte er unbewußt die Zeit um zwei Jahre zurückdrehen wollen.

Meine siebzehn Jahre. Spazierwege unter Linden. Von Jim Morrison gestohlene, sorgfältig abgekupferte Gedichte, die mein Herz schneller schlagen ließen:

Ich habe ihre Hüfte berührt,
Und der Tod hat gelächelt.

Verschwinde aus meinem Leben, Antony.

So, das war's, ich bin fertig. »Ich möchte Ihnen sagen, daß ich fortgehen werde.« Ich werde weiterleben. Arbeiten. Informieren. Weil ich damals siebzehn war und weil alle in diesem Alter, Jungs wie Mädchen, auf Liebe warten, Liebe suchen. Ihnen als abschreckendes Beispiel zu dienen, das habe ich mir zur Aufgabe gemacht. Was könnte ich sonst tun?

Ich habe einen »negativen« Mann kennengelernt; ich bin eine »positive« junge Frau. Er weiß es, ich weiß es; wir wissen es beide.

Ein kleines bißchen finde ich mich im *Bekenntnis eines Kindes unserer Zeit* wieder:

Zerstört, die Welt; und auf ihren Trümmern
läßt sich eine sorgenvolle Jugend nieder.

Gar nicht einfach.

Sich lieben zu wollen.

»Man ist nicht vernünftig, wenn man siebzehn ist«, entstammt dem Gedicht *Roman* von Arthur Rimbaud.

Die Zeilen von Serge Gainsbourg sind dem Chanson *Sorry Angel* (1984) entnommen.

Die zitierten Gedichte sind Texten von Jim Morrison nachgedichtet.

Band 61315

Silvia K.

... doch helfen mußte ich mir selbst

Schon als Kind steht für Silvia fest, daß es Menschen gibt, die nur auf die Welt gekommen sind, um zu leiden, und daß sie selbst solch ein Mensch ist. Ihren Vater kennt sie nicht, die Mutter gibt sie gleich nach der Geburt zu den Großeltern, und schließlich wird sie in ein Erziehungsheim abgeschoben.

Silvia ist 16 Jahre alt, als sie Opfer eines scheinbar gutbürgerlichen, begüterten, aber sadistischen Ehepaares wird. 15 Monate wird sie in einem fensterlosen Verlies gefangengehalten und bestialisch gequält. Es gelingt ihr, diesem Horror zu entfliehen. Doch ihre Leiden nehmen kein Ende: Die Polizei glaubt ihr erst nicht, die Boulevardpresse diffamiert sie und ihr neuer Ehemann verprügelt sie. Aber Silvia verzweifelt nicht, auch wenn sie sich immer selbst helfen muß...

BASTEI LÜBBE